Heinz Fitzner

Rückblick

Eine Jugend zur Hitlerzeit

FSC
www.fsc.org

MIX

Papier aus ver-
antwortungsvollen
Quellen
Paper from
responsible sources

FSC® C105338

Herstellung und Verlag:
Books on Demand GmbH, Norderstedt
ISBN 9783842353978

Sehr geehrter Herr Fitzner,

vielen herzlichen Dank für Ihre Aufzeichnungen. Ich habe sie mit großem Interesse gelesen.

Geschichtsbücher und Dokumentationen sind das eine, das Bekannte. Sie sind wichtig, weil sie versuchen, dem Leser bzw. dem Zuschauer einen Überblick zu verschaffen, um Abläufe zu verstehen.

Aber persönliche Schilderungen und subjektive Erfahrungen können einen Einblick in den Alltag einer Zeit verschaffen. Sie können Geschichte lebendig machen und den Leser in eine Zeit hineinziehen, so wie es Hilde in dem „Geschenkten Gaul" herausragend gelungen ist.

Für mich stehen immer die einzelnen Menschen im Zentrum. Nur der Mensch mit seinem Schicksal, seinen Entscheidungen, seinem Glück macht Geschichte erst lebendig.

So erging es mir, als ich Ihre Aufzeichnungen gelesen habe. Wieder habe ich Neues erfahren, wieder einen Blick auf ein Leben werfen dürfen, das in schwierigen Zeiten seinen Anfang nahm – Ihr Leben.

Ich bewundere jeden, der in dieser Zeit ein aufrechter Mensch geblieben ist, und jeden, der das überhaupt durchgestanden hat. Dafür vielen Dank.

Ich weiß noch nicht, wofür es gut sein wird.

Aber zumindest für mich war es sehr interessant, Ihre Aufzeichnungen zu lesen.

Ich danken Ihnen für die Mühe, die Sie sich gemacht haben, sich noch einmal zu erinnern. Es ist gut und wichtig, Leben aufzuschreiben. Für die Nachfolgenden. Für die Kinder, die Enkel und alle, die es interessiert.

Ich wünsche Ihnen aber noch viele glückliche Jahre und weiter viele interessierte Leser!

Mit den besten Wünschen

Kai Wessel
Hamburg, den 16. Januar 2010

Sehr geehrter Herr Fittner,

lassen Sie nochmals ab herzlichen Dank
für Ihr Manuskript mit Ihrer Erinnerungen
an Hildegard Knef und Heinrich George,
sowie an deutsche Filmgeschichte im Detail
und an persönliches Erleben.
Als kleines Dank der Katalog der Knef-Ausstellung
zu zusenden haben.
Mit vielen Grüßen aus Berlin,

Wolfgang Jacobsen

B, 28.10.2009

DEUTSCHE
KINEMATHEK
MUSEUM
FÜR FILM UND
FERNSEHEN

Potsdamer Straße 2
10785 Berlin

T +49 (0)30 300 903
F +49 (0)30 300 903 13

www.deutsche-kinemathek.de

Eine Jugend zur Hitlerzeit

Jetzt, im September 2010, bin ich 83 Jahre alt und muss feststellen, dass nicht mehr viele aus eigenem Erleben über die bewegte Zeit seit meiner Geburt berichten können. Das Historische ist bekannt. Wie diese Zeit aus der Sichtweise eines einfachen Berliner Jungen ausgesehen hat, oder ich kann auch sagen, wie ich durch viele Zufälle und viel Glück in dieser schweren Zeit überlebt habe, möchte ich hier schildern. Es soll kein Roman mit Dichtung und Wahrheit werden, sondern einfach ein Tatsachenbericht. Um es gleich zu sagen: Meine schriftstellerische Tätigkeit ist bisher über zwei Seiten nicht hinausgegangen. Ich danke Herrn Ernst vom Bürgerverein Altglienicke der, auf Grund unserer gemeinsamen Herkunft, an dem Bericht regen Anteil nahm. Er hat das Buch redigiert und viele Anregungen gegeben. Rückblickend sehe ich viele Erlebnisse klarer und berichte diese aus meinem heutigen Wissen heraus.

Familie

Die Herkunft meiner Großeltern ist geradezu typisch für das Anwachsen der Berliner Bevölkerung am Ende des 19. Jahrhunderts. Meine Großmutter mütterlicherseits stammte aus Pommern, der Großvater aus Ostpreußen. Kennengelernt haben sie sich als Landarbeiter auf der Staatsdomäne Diepensee, wo jetzt der Flughafen Schönefeld ist.

Sie zogen dann nach Altglienicke, ein märkisches Bauerndorf, das 1920 in den Berliner Bezirk Treptow eingemeindet wurde.

Es liegt im Berliner Südosten zwischen Adlershof, Rudow, Grünau und Schönefeld. Großvater arbeitete als Steinträger beim Bau, Großmutter beim Bauern. Über meinen Großvater väterlicherseits durfte in der Familie nicht gesprochen werden. Er hatte nämlich meine Großmutter mit zwölf Kindern wegen einer Jüngeren verlassen. Ich weiß nur, dass er aus Schlesien kam.

Dafür ist die Geschichte meiner Großmutter Marie, geb. Welsch, Mutter meines Vaters, viel aufschlussreicher. Im Mai 1857 in Altglienicke geboren, wurde sie 80 Jahre alt und starb im Mai 1937, als ich neun Jahre alt war. Sie brauchte ihr Leben lang keinen Arzt. Nur zu ihrem Tod musste einer kommen.

Ihr Mädchenname erscheint auf der Liste der Pfälzer Reformierten, die Friedrich der Große am 16.7.1764 in Altglienicke ansiedelte. Durch sie gehöre ich noch heute dieser Konfession an. Als meine Frau und ich 1958 in Heidelberg heirateten, musste meine Mutter, noch zu DDR-Zeiten, mein Taufzeugnis in Köpenick bei den Reformierten abholen und mir zuschicken.

Die Marie Welsch war hellblond und muss sehr attraktiv gewesen sein. Nur so ist zu erklären, dass mein späterer Großvater sie trotz unehelichem Sohn geheiratet hat. August Fitzner hatte einen guten Posten als Brauerei-Inspektor der Berliner Bürgerbrauerei in Niederschöneweide. In diesem Ort wohnten sie dann auch.

Trotz des Krieges wanderten weitere Kolonisten, Reformierte aus der Pfalz, die aus Glaubensgründen ihre Heimat verließen, in die Region ein. Die von Friedrich zugesicherten Vergünstigungen und die Realitäten vor Ort ließen sich offenbar nicht immer miteinander vereinbaren: 1762 nennt der Köpenicker Oberamtmann Kriele eine einzeln mit Namen bezeichnete Gruppe von Männern ›impertinent‹ in ihren Ansprüchen auf Grund und Boden, zumal sie sich unter Umgehung des Dienstweges direkt an den König wenden wollte. Am 16. 7. 1764 ziehen zwölf Pfälzer Familien, acht Bauern und vier Kossäten, in Glienicke ein, darunter auch die ›impertinenten‹. Ihre Namen: Petermann, Partenheimer, Weinsheimer, Heinrich, Hermann, Hoffmann, Weimann, Specht, Dietz I, Dietz II, Welsch I, Welsch II.

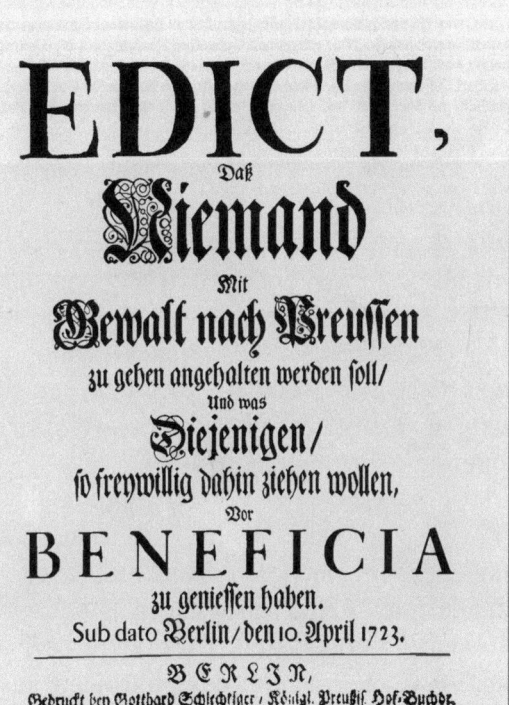

Preußisches ›Edict‹ zu den Vergünstigungen für Kolonisten von 1723

Seite aus dem Buch „Geschichten vom Dorf Altglienicke"
des Bürgervereins Altglienicke e.V.

7

Als mein Großvater sie verlassen hatte, zog die Familie nach Altglienicke. Sie lebte dann in sehr einfachen Verhältnissen bei Verwandten der Mutter. Großmutter ging täglich als Wäscherin durch die sumpfigen Wiesen nach Adlershof. Der Teltowkanal trennte Altglienicke damals noch nicht von Adlershof. Den schippten erst 1904 ihre Söhne mit aus. Sie verlegten auch die Hochspannungsleitung.

Eine Lehre konnte keines ihrer Kinder machen. Sie mussten schon mit 14 Jahren Kostgeld abgeben. Die Älteren mussten auf die Kleinen aufpassen. Über die Kinder meiner Oma und deren Schicksal will ich im Anhang berichten.

Bernhard, geb. 5.10.1888, war mein Vater. Er arbeitete als Bäcker. Sein einziges Hobby war der Fußball. Mit 18 Jahren wurde er Gründungsmitglied von Union Oberschöneweide, später Union 06. Im Februar 1914 war Bernhard plötzlich verschwunden. Er hatte in Hamburg als Trimmer (Heizer) auf der Südamerika-Linie angeheuert.

So konnte er sich nach Ausbruch des Ersten Weltkrieges im sicheren Buenos Aires in einer deutschen Bäckerei durchschlagen. 1922 wieder nach Altglienicke zurückgekehrt, mitten in der Inflation, galt er als reicher Mann, da seine noch ausstehende Heuer in Gold-Dollar ausgezahlt wurde.

1925 heiratete er meine Mutter, Elisabeth Zink, vom Nachbarhaus. Sie bekam vier Kinder und starb mit 80 Jahren am 3.9.1976.

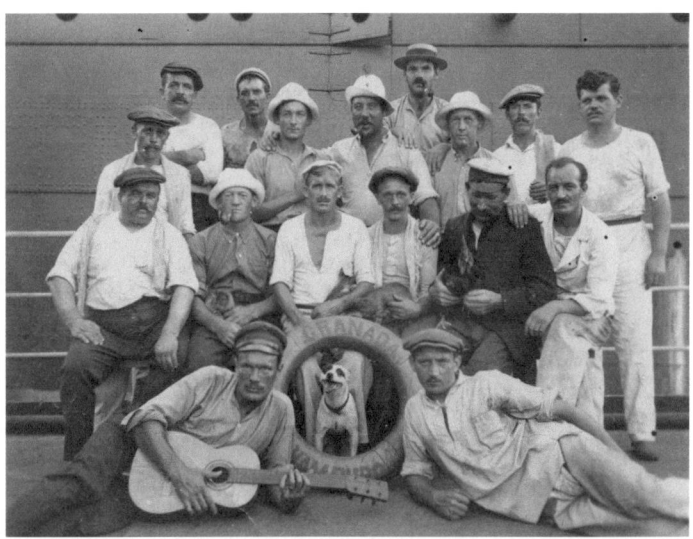

Mannschaft der „Granada“ am 24. November 1914 in Buenos Aires. Mein Vater, 26 Jahre alt, sitzt rechts über den Rettungsring mit der Katze

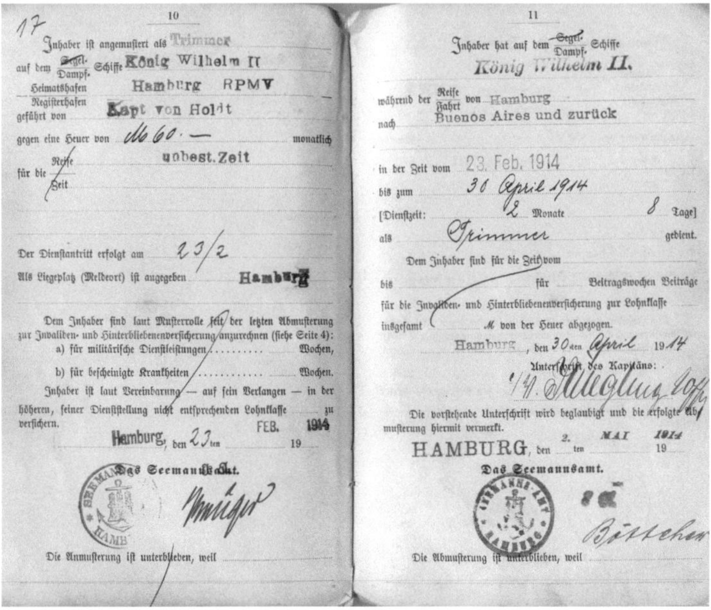

17

10

Inhaber ist angemustert als Trimmer

auf dem ~~Segel-~~ Dampf- Schiffe König Wilhelm II

Heimatshafen / Registerhafen Hamburg RPMV

geführt von Kapt von Holdt

gegen eine Heuer von M 60.— monatlich

für die Reise / Zeit unbest. Zeit

Der Dienstantritt erfolgt am 23/2

Als Liegeplatz (Meldeort) ist angegeben Hamburg

Dem Inhaber sind laut Musterrolle seit der letzten Abmusterung zur Invaliden- und Hinterbliebenenversicherung anzurechnen (siehe Seite 4):

a) für militärische Dienstleistungen .... Wochen,

b) für bescheinigte Krankheiten .... Wochen.

Inhaber ist laut Vereinbarung — auf sein Verlangen — in der höheren, seiner Dienststellung nicht entsprechenden Lohnklasse ...... zu versichern.

Hamburg, den 23ten FEB. 1914

Das Seemannsamt.

Die Anmusterung ist unterblieben, weil

11

Inhaber hat auf dem ~~Segel-~~ Dampf- Schiffe König Wilhelm II.

während der Reise / Fahrt von Hamburg nach Buenos Aires und zurück

in der Zeit vom 23. Feb. 1914

bis zum 30 April 1914

[Dienstzeit: 2 Monate 8 Tage]

als Trimmer gedient.

Dem Inhaber sind für die Zeit vom

bis für Beitragswochen Beiträge für die Invaliden- und Hinterbliebenenversicherung zur Lohnklasse insgesamt M von der Heuer abgezogen.

Hamburg, den 30ten April 1914

Unterschrift des Kapitäns:

Die vorstehende Unterschrift wird beglaubigt und die erfolgte Abmusterung hiermit vermerkt.

HAMBURG, den 2. ten MAI 1914

Das Seemannsamt.

Böttcher

Die Abmusterung ist unterblieben, weil

Seemannsbuch meines Vaters

Hochzeit der Eltern 1925

Sommer 1931.VL: Tante Ida, meine Mutter, Oma Marie, darüber
Vater mit mir. VR: Tante Agnes u. Else mit, Bruder Günter, Onkel
Walter und Bruno

10

Hausgeburten, auch ohne Hebamme, waren damals die Regel. Weil mein älterer Bruder als Säugling starb, kam ich am 8. September 1927 in einer Neuköllner Entbindungsanstalt zur Welt. Mein Bruder Günter, geboren am 8.11.1928, starb mit 64 Jahren an Kehlkopfkrebs. Damals brachte man diese Krankheit nicht mit seiner Arbeit als Kranfahrer bei Eternit in Verbindung. Die Schwester Christa kam am 2.3.1935 zur Welt. Rose, am 8.9.1938 geboren, wurde nur zwölf Jahre alt. Sie hatte das Down Syndrom.

Aufgewachsen bin ich in Berlin-Altglienicke, in der Rudower Straße 31. Im Haus wohnten zwölf Mietparteien. Im Hof hatte jeder Mieter seinen Stall für Kohlen und Brennholz. Die meisten hielten sich Kaninchen oder Hühner. Mit meinen Spielkameraden trieben wir deren Milchziegen morgens zwei Kilometer zu den Johannisthaler Wiesen, wo die Ziegen tagsüber angepflockt wurden.

Unsere Wohnung – Küche und Stube – war viel zu klein für die fünfköpfige Familie. So wuchsen wir bei unserer Tante Agnes, die keine eigenen Kinder hatte und einen Stock tiefer wohnte, mit auf. Dort schlief auch Großmutter in der Küche und trug mit ihrer Altersrente von neun Mark zum Unterhalt bei. Sie rechnete immer noch mit „Dalern" (Taler = drei Mark).

Die Toiletten für jedes Stockwerk waren im Hof, der Ausguss in der Küche. 1934 wurde Strom ins Haus gelegt mit einer Steckdose in der Küche. Vorher hatten wir Gaslampen, meine Großmutter ihre Petroleumlampe.

Heinz 5 Jahre, Günter 4 Jahre alt

Heinz, 2Jahre alt ,1930

Unser Haus stand etwas erhöht am Rand des großen Urstromtals von Berlin. Dadurch konnten wir die Flugbewegungen auf dem ca. zwei Kilometer entfernten, jenseits des Teltowkanals liegenden Flughafens Johannisthal verfolgen. 1935 war großer Flugtag. Weil es nichts kostete, durften wir Kinder mit. Es flog eine Rumpler-Taube aus dem Ersten Weltkrieg, Fall-Schirmspringer aus der JU-17 landeten vor uns. Der berühmte Hans Grade flog in zehn Metern Höhe mit seinem Segeltuchgebilde eine Ehrenrunde über den Platz. Jetzt hängt sein Fluggerät im Museum, wo übrigens auch unsere alte Bohnsdorfer Windmühle landete. Als Schulkinder sahen wir dem Müller bei der Arbeit zu. Eine Altglienicker Mühle stand bei der alten Schule und wurde zur Zeit meiner Einschulung abgerissen.

Spielkameraden gab es genug für uns. Zu meiner Zeit lebten allein zwölf Kinder meiner Altersklasse im Haus und nebenan. Einen Kindergarten gab's nicht. Spielen konnten wir auf der Wiese und auf der Straße, Treibeball oder Wer-fürchtet-sich-vorm-schwarzen-Mann. Auf jeder Straßenseite stand eine Mannschaft und rief:

„Wer fürchtet sich vorm schwarzen Mann?
Niemand!
Wenn er kommt, dann ist er da!
Dann fahren wir nach Amerika!
Amerika ist abgebrannt!
Rüber kommen wir doch!"
Worauf alle losrannten und sich eine große Keilerei entwickelte.

Sollte sich in unseren Versen die damalige politische Lage Anfang der 30er-Jahre widergespiegelt haben?

Im Winter fuhren wir Schlitten auf den abschüssigen Straßen. Gestreut wurde dort nicht und ein Auto kam nicht jede Woche vorbei. Wir spielten sogar Hopse, aber nur wenn keine Mädchen zuguckten, denn die konnten entschieden besser auf einem Bein hüpfen. Wir Jungen gruben auf der Wiese in dem weißen Sandboden tiefe Löcher zum Wasser in zwei Meter Tiefe. Danach kam die Tonschicht. Ich war der Einzige, der dank Großmutter zu dieser Zeit hin und wieder über zwei Pfennige verfügte. Die erwiesen sich als sehr nützlich gegenüber stärkeren Spielkameraden. Die Pfennige waren die einzigen Geldstücke aus dem Kaiserreich, die bis 1948 ihren Wert behielten. Für zwei Pfennige gab's in Richters Kneipe eine Einpfennigzigarette und drei Bonbons, zum Hinterher-Lutschen zwecks Vertuschung.

In den Monaten ohne - r - liefen wir barfuß. Schwimmen lernten wir im Kanal. Wir hatten nicht das Gefühl, als würden wir irgendetwas entbehren. Schräg gegenüber stand das Armenhaus mit jeder Menge Kinder. Die machten öfters Hoffeste mit Lampions und Papierschlangen. Für ein paar Pfennige konnten wir uns beteiligen. Sackhüpfen, Eierlaufen, Der-Plumpsack-geht-um und andere Kinderspiele.

Vor dem Armenhaus hatte die Straße eine Senke, die im Sommer bei einem Platzregen voll Wasser lief. Die warme Brühe reichte bis zum Bauch und machte uns viel Vergnügen, zumal es wie ein Lauffeuer umging: „Die Jenny badet nackt!" Sie hatte einfach keine Unterwäsche und keinen Badeanzug. Die Jenny war schon sechs, ein Jahr älter als wir. Zwar kannten wir sie vom Doktorspielen von oben bis unten, aber eben nur heimlich. In aller Öffentlichkeit war ihr Auftritt für uns deshalb ein großes Ereignis.

Freitags erhielten wir vom Vater jeder einen Groschen (zehn Pfennig) Taschengeld. Dafür gab's eine große Eiswaffel oder eine Tüte Bonbons oder zwei Schnecken oder vier Schrippen oder sogar ein kleines Stück Torte (wenn man beim Bäcker lange genug rumdruckste). Ich hob meinen Groschen wie einen Schatz tagelang auf, in Vorfreude darauf, was man alles kaufen könnte. Öfter kaufte ich bei der alten Frau vom Süßwarenladen „eine Tüte für einen Groschen". Was da alles drin war! Einmal hörte ich einen Vertreter fragen, wie sie da zurechtkäme. Sie sagte: „Überhaupt nicht – aber sehen Sie mal die Augen!"

Zur Weihnachtsfeier von Union in Ober-schöneweide nahmen wir einen Bettbezug mit. Da hinein schütteten die besser gestellten Mitglieder ihre bunten Teller. Die Geschenke für uns Kinder konnten wir vor der Verlosung aussuchen.

Hosen und Jacken nähte uns Mutters Schwester. Leider waren sie meist zu groß. Zur Adventszeit ging diese Tante mit uns zur Weihnachtsausstellung ins Kaufhaus Wertheim in der Leipziger Straße. Als Höhepunkt gab's einen Sahne-Windbeutel. Vor Weihnachten standen die Frauen mit ihren Blechkuchen bei der Bäckerei Werner zum Backen an. Die Schlange reichte bis auf die Straße. Neujahr gab's Mohnpielen, kalt geriebener Mohn mit Korinthen. Zur Fastnacht holten wir von Richters

Kneipe an der Ecke ein Schnapsglas Rum. Für den schwarzen Tee. Dazu gab's einen Pfannkuchen (Berliner). Unter der Woche gab's nie Fleisch. Zum Sonntagsessen „Falscher Hase" musste ich öfter von Bauer Schmelzens Hof mit der Kaffetasse für 'n Sechser saure Sahne holen.

Die Tanten erzählten uns, wie sie im Ersten Weltkrieg und während der Inflation hungern mussten. Nur Kohlrüben gab es. Hungern mussten wir zum Glück nicht. Dank unserer zahlreichen Verwandtschaft bekamen wir Kinder immer mal Pellkartoffeln mit weißem Käse und Leinöl, auch Kartoffelpuffer oder einen Hering gab es. Bohnen-Kaffee kannte man nur vom Hörensagen. Doch die Zuckerdose musste man vor uns in Sicherheit bringen.

Von der großen Politik bekamen wir nicht viel mit. Auffällig war nur, dass die Großen dauernd wählen gingen. Die Meinungen über die Parteien waren geteilt. Man nahm sie nicht wichtiger als die Fußball-Ergebnisse. Mein Vater meldete meinen Bruder und mich, zehn und elf Jahre alt, beim Jungvolk an. Aber von meinen Spielkameraden war keiner dabei. Nach dem ersten Heimabendbesuch wollten mein Bruder und ich kein zweites Mal mehr hin. Immerhin konnten wir in dem „braunen" Laden mit der Mitgliedsbescheinigung eine gute, stabile Skihose billig kaufen. Unser Fehlen bei den Heimabenden hatte weiter keine Folgen.

Vater war von Anfang an bei einer jüdischen Gummifabrik in Rudow als Heizer beschäftigt. Im Gegensatz zu den anderen Verwandten war er nie arbeitslos. 1938 wurden die jüdischen Eigentümer enteignet. Die neuen Vorgesetzten legten meinem Vater nahe, nicht nur der NSDAP beizutreten sondern auch einen Sparvertrag für einen VW abzuschließen. Dabei verdiente er kaum 200 Mark im Monat. Dies rief im Haus allgemeines Kopfschütteln hervor.

Die Nachbarn hatten inzwischen alle Arbeit, meist in der Rüstungsindustrie. Mein Onkel Walter schulte um von Friseur auf Flugzeugbauer. Bei Henschel in Schönefeld wurde auf freiem Feld der Werkflugplatz angelegt und die Hallen hochgezogen. Im Krieg bauten sie im U-Bahn-Tunnel in Neukölln die V-1. Auf den Feldern stießen die komischen Flug-Geräte mit dem Rohr zwischen den Flügeln bis auf wenige Meter senkrecht aus dem Himmel.

Schule

Im April 1934 kam ich in die neue, 1912 erbaute, große Schule. Am Tag der Einschulung stellte der Rektor fest, dass längst nicht alle ins Klassenzimmer passten. Wir konnten wieder nach Haus gehen. Einige Tage später wurden wir in der wieder eröffneten alten Schule in der Rudower Straße eingeschult. Ich bekam eine große Schultüte mit viel Papier unten drin. An der Schulmilch und Schulspeisung nahmen nur einige teil. Auch für uns war sie zu teuer.

Wir lernten die Sütterlinschrift – rauf, runter, rauf, Pünktchen drauf, – parallel dazu eine Blockschrift. Ich bekam im ersten Schuljahr eine schwere Lungenentzündung und versäumte sieben Wochen, holte aber auf und wurde versetzt. Als der Reichstag brannte, konnte ich schon die Zeitung lesen.

17

Heinz September 1934, im1.Schuljahr

Ein Buch war nicht im Haushalt, aber die Zeitung „Morgenpost" sowie das 35-Mark-Radio, „Goebbelsschnauze". Von einem „Hindenburg" wusste ich nichts, war ihm aber dankbar, als bei seinem Tod die großen Ferien um einen Tag verlängert wurden.

In der Schule regierte der Rohrstock. Meine erste große Ohrfeige bekam ich mit sieben Jahren vom Aufsichtslehrer Henning, als mir in der Pause beim Essen, während wir im Kreis herumliefen, das Stullenpapier runterfiel und ich es nicht gleich bemerkte. Heute denke ich, dass es pervers ist, wenn der Lehrer erst die Backe streichelt und danach unvermittelt weit ausholend zuschlägt. Unseren Eltern war es auch schon so ergangen. Sie warnten uns vor den Lehrern und ermahnten uns, sich mit ihnen gut zu stellen, um die Zensuren nicht zu verschlechtern. Fehlende Hausarbeiten wurden mit dem Rohrstock abgegolten. Einer holte sich jeden Morgen, ohne was zu sagen, erst einmal seine Prügel ab. Das Lernen fiel mir nicht schwer, aber das schützte nicht vor Schlägen. Sie brannten wie Feuer, doch man durfte nicht heulen. Als in der dritten Klasse der Lehrer wegen einer längeren Besprechung abwesend war, herrschte mal wieder ein riesiger Lärm. Bei seiner Rückkehr hieß es: „Erste Reihe vortreten, bücken!" Und so verhaute der Lehrer die ganze Klasse. Nur einer wehrte sich aus Leibeskräften und schrie wie am Spieß. Auch noch, als der Lehrer ihm anbot ihn draußen zu verhauen. Der Schüler hieß von Schellrath. Am nächsten Tag war der Vater da. Er war Ministerialrat in der Regierung und hat unseren Pauker Casimir ganz schön zurechtgestutzt.

Wir bekamen dann im zweiten Halbjahr eine Lehrerin, Fräulein Huntius. Anfangs hatten wir Schwierigkeiten, weil sie auf einmal Frau Strauß hieß. Sie schlug nur mit dem Lineal auf die Finger. Das erste Lied, welches sie uns lehrte, hieß „Zwischen Berg und tiefem, tiefem Tal saßen einst zwei Hasen". Als wir das Lied „Wenn wir schreiten Seit an Seit" lernten und es wieder singen wollten, sagte sie, das wir das nicht mehr dürften. Wir lernten dafür ein Lied aus dem Mittelalter „Wer jetzig Zeiten leben will, muss han ein tapferes Herze". Es waren auch drei Mädchen in der Klasse.

Ich lernte schnell und ich war einer von zweien, die der Klasse abwechselnd Rechenaufgaben (großes Einmal-eins) stellen mussten, während der Lehrer Hausaufgaben und Diktate korrigierte oder einfach mit seinem Aquarium beschäftigt war. Im Unterricht musste man natürlich mitrechnen. Mir war langweilig, und ich verfolgte oft den Unterricht nicht. Wenn ich dann aufgerufen wurde, fragte ich: „Wie bitte?" Bei der Wiederholung rechnete ich schnell mit. Ich hab's dann anscheinend doch übertrieben, denn es trug mir einen Besuch beim Schularzt ein. Der spülte mir die Ohren aus.

1938 zogen wir in die große Schule um. Diese hatte zwei Treppenhäuser, eins für Jungs und eins für Mädchen. Es war streng verboten - auch auf den Fluren - die Mädchenabteilung zu betreten. In der großen Pause liefen wir in getrennten Kreisen herum und aßen dabei unser Pausenbrot. Einer aus unserer Klasse von Zwölfjährigen wurde mit einem Mädchen im Kohlenkeller angetroffen. Der Rektor startete eine strenge Untersuchung. Die zwei waren am Boden zerstört. Eine Schwester unseres Klassenkameraden Krüger nahm sich mit 16 Jahren das Leben. Sie sprang von der Brücke in den eiskalten Teltowkanal, weil sie ein Kind erwartete.

Beim Rektor André hatten wir Heimatkunde. Er war ein „scharfer Hund" mit dem Rohrstock im Ärmel. Aber man konnte ihn drankriegen – mit seiner Jugend-Wanderung entlang des Rheins. Wenn man ihn darauf ansprach, fing er sofort an zu erzählen und war auf einmal ein anderer Mensch.

Religion war ein angenehmes Fach. Die Lehrerin, ein älteres Fräulein Gerhard, war sanft. Wir waren damals, wie üblich in Berlin, fast alle evangelisch. Drei Schüler waren katholisch und vier jüdisch. Das machte nichts aus, denn das Alte Testament war für alle dasselbe. Wir waren gerade bei Moses und dem brennenden Dornbusch, als die Lehrerin eines morgens reinkam und sagte: „Wir haben jetzt eine neue Religion." Und gleich danach fing sie an, aus der germanischen Mythologie vorzulesen. Das ging keine halbe Stunde so, dann bekam sie das heulende Elend und lief aus dem Zimmer. Wir haben sie seitdem nicht mehr gesehen. Dafür hatten wir Unterricht beim Pfarrer. Kein guter Tausch. Der war in der Partei und bläute uns das Glaubensbekenntnis und die Zehn Gebote samt Erklärung mit dem Rohrstock ein. Mich konnte man auf dem Schulweg mit aufgeklapptem Gesangbuch sehen, um schnell die endlosen Strophen der Kirchenlieder zu lernen. Als die Russen bei Kriegsende kamen, nahmen der Pfarrer und seine Frau sich das Leben.

Die dauernden Fahnenappelle mit dem Absingen der zwei Nationalhymnen, das („Deutschlandlied" und „Die Fahne hoch"), mit ausgestrecktem Arm über die ganze Zeit, fielen schwer. Es war die Zeit, als die Juden den gelben Judenstern tragen mussten. Ich weiß noch, wie einer reagierte, als ich ihm in der Straßenbahn meinen Sitzplatz anbot. Er war ganz entsetzt und flüchtete. Bei uns machte immer der Stoffjude mit seinem Stoffballen über der Schulter Station. Wir konnten ihm zwar nichts abkaufen, aber er bekam einen Teller Suppe mit der Beteuerung: „Kein Schweinefleisch." War überhaupt nie Fleisch drin. Meine Oma war geschmeichelt, wenn ein so gebildeter Mann ihr den Hof machte.

Der Bolle-„Bimbim" verkaufte von seinem Pferdewagen Milch und Käse. Der Sprottenmann schellte mit seiner Glocke und rief „Kieler Sprotten!" die er aus seiner Kiepe verkaufte. Auf einem Karren tauschte einer „Brennholz für Kartoffelschalen". Nur Mutters Vater konnte sich das Braunbier vom Fass leisten, das erst noch vergären musste.

Der Krieg kündigte sich schon eine Woche vorher mit Lebensmittelkarten für Brot und Schrippen an. Kuchen gab's noch ohne. Vielleicht, weil viele ihn sich gar nicht leisten konnten. Am aufregendsten war die Verdunkelung. Keine Laterne brannte, die Fenster mussten verhängt werden. Wenn zu den grün leuchtenden Phosphorplaketten manchmal noch Nebel aufzog, hatten wir den größten Spaß. Älteren Leuten fiel es schwer, sie trauten sich im Dunkeln nicht aus dem Haus.

Dann wurde die Druckschrift umgestellt.

Allen voran erschien der „Völkische Beobachter" (Zentralorgan der NSDAP), wie auch andere Bücher, in der lateinischen Antiqua. Uns wurde anheimgegelegt, ebenfalls die lateinische Schrift, die wir auch gelernt hatten, als Handschrift zu benutzen. Als Begründung wurde gesagt, die besiegten Völker sollten unsere Befehle lesen können. Ich war zu faul dazu. Mit dem Ergebnis, dass heute kaum noch einer meine Schrift lesen kann.

Aus unserer Klasse gingen drei ab zur höheren Schule. Nicht grad die Klügsten. Dann kamen unsere vier Juden allesamt nicht mehr zur Schule. Wechsel waren häufig, aber dass alle Juden nicht mehr kamen, hat uns doch verwundert. Fragen waren nicht erlaubt. Dies gehörte zu den Themen, über die nicht gesprochen wurde. Insgeheim wurde von den Konzentrationslagern gemunkelt, in denen politische Verbrecher säßen. Aber das unsere Mitschüler ins KZ kamen, konnten wir uns nicht vor-stellen. Wir hofften, sie seien ausgewandert. Die schlimmste Meinung war, dass ihre Eltern zum Arbeitseinsatz in die Ostgebiete kamen. Dass sie ermordet wurden, war für uns nicht vorstellbar.

Mit dem Krieg gingen die Lehrer unterschiedlich um. Es gab die Begeisterten, die auf der Landkarte jede gewonnene Schlacht bejubelten, wie unser Lehrer mit dem „Bonbon" am Revers. Das änderte sich abrupt, als sein Sohn gefallen war. Fortan trug er dort einen Trauerflor.

Unser Geschichtslehrer Prigan hatte bereits einen Krieg miterlebt und wusste, was das bedeutete. Er schilderte uns seine Angst, als im Ersten Weltkrieg seine Kameraden einer nach dem anderen auf freiem Feld abschossen wurden. Im Fach Geschichte lernten wir Jahreszahlen großer Schlachten und welche Könige, Kaiser, Feldherren usw. sie geschlagen haben. Über aktuelle Politik wurde nicht gesprochen.

Manchmal vergaß der Lehrer, Hausaufgaben aufzugeben. Es meldete sich der Klassenstreber: „Herr Lehrer, wir haben noch keine Hausaufgaben." Der Lehrer: „Wehrmachtsbericht abschreiben." So eine Hausaufgabe war ein reines Lotteriespiel. Es ging von „Im Westen nichts Neues" bis über mehrere Seiten, wenn wir mal wieder stark gesiegt hatten. Der Streber bekam Klassenkeile und hatte danach niemals wieder solche Einfälle.

Wenn der Lehrer morgens die Klasse betrat, musste derjenige, der am nächsten zum Lehrer stand, „Achtung!" brüllen. Alles stand stramm, der Lehrer ging zur Klassenmitte, knallte die Hacken zusammen und schrie: „Heil Hitler, setzen!" Manchmal kam noch ein paarmal „Auf und nieder" dazu. Nicht so der Lehrer Schütze, ein kleiner alter Mann. Er sagte: „Guten Morgen, Jungs, setzt euch wieder hin." Dann sagte er: „Holt eure Schulbücher heraus und schlagt die letzte Seite auf. Dort findet ihr das Lied von der Loreley. Ihr kennt es alle. Am Schluss steht: Verfasser unbekannt. Er ist bekannt. Er heißt Heinrich Heine und war Jude. Glaubt nicht alles, was gedruckt wird."

Wir waren der letzte Jahrgang, der die verschlissenen alten Lesebücher von Hirth aus der Weimarer Republik benutzte. In der Pause las ich die

Geschichte vom „Kleinen Häwelmann". Die Ring-kämpfe und der Radau in der Klasse störten mich nicht. Jedenfalls habe ich nicht mitbekommen, dass alle stramm-standen und auf die Ohrfeige warteten, weil ich nicht aufgestanden war. Der Lehrer strich mir übers Haar und sagte: „So muss man lesen!" Es war der mit der Weltkriegserfahrung. In dem Buch waren auch kurze Erzählungen von Johann Peter Hebel. Eine lustige Geschichte erzählte ich im Kreise der Spielkameraden mit meinen Worten und hatte ein tolles Erfolgserlebnis.

Der Lehrer Vogel, ein kleiner, zarter Mann, hielt mit 70 Jahren wieder Musikunterricht. Er hatte sich große Verdienste durch die alljährlichen Märchentheater-Aufführungen der Abschlussklassen erworben. Mit uns wurde er nicht fertig. Wir grölten, mehr schlecht als recht: „Wir flogen jenseits der Grenzen mit Bomben gegen den Feind …" So hatte sich Lehrer Vogel den Musikunterricht nicht vorgestellt. Ihm traten Tränen in die Augen. Er musste den Rektor rufen, welcher mit dem Rohrstock für Ruhe sorgte. Lehrer Vogel spielte auf dem Flügel ein paar Takte vor und fragte, woran uns diese Musik erinnere. Wir guckten bloß dumm, bis einer sagte: „An einen klei-nen Bach." Da war unser Lehrer glücklich. Viel später merkte ich, das waren die Anfangstakte von Smetanas „Moldau". Wir lernten dann den Kanon „Wir Jungen tragen die Fahne der Jugend vor".

1941 wurden mein Bruder und ich in den großen Ferien von der NSV (Nationalsozialistische Volksfür-sorge) für vier Wochen zur Erholung zum Bauern nach Pommern verschickt. Die Bauern holten uns vom Bahnhof Landsberg mit Leiterwagen ab. Sie sprachen Plattdeutsch. Im Dorf Birkholz, drei Kilometer weiter, war nur die Hauptstraße gepflastert. Die Häuser waren teilweise mit Stroh gedeckt und Wasser musste mit der Pumpe aus dem Brunnen geholt werden. Aber es gab Strom. Und zwei große Seen zum Baden und einen Herrensee am Schloss, inmitten eines großen Parks. Der Park war nicht umzäunt und für jeden offen. Am Rand lag der Gutshof mit der Kartoffelbrennerei. Wenn der Gutsverwalter durch die Felder ritt, standen die Bauern stramm und zogen die Mütze. Es war heile Welt, die letzten Tage vor dem Russlandfeldzug. Dann zogen plötzlich unendliche Kolonnen deutscher Soldaten auf der Reichsstraße 1 nach Osten. Im Ort selbst war es ruhig und friedlich. Ich fühlte mich dort wohl und hatte mich eingelebt. Die Leute wollten mich nicht gehen lassen. Ich ging dort zur Schule. In der Schule waren sie zwei Jahre im Unterricht zurück. Was auch kein Wunder war, denn der Lehrer musste acht Jahrgänge in einem Raum unterrichten. Das ging ganz gut. Er spielte Geige und wir sangen alle zusammen. Ich war dort der Star und der Lehrer sah mir jeden Blödsinn nach, wie Mädchen necken. Mein Freund Fritz war der Läutejunge. Für ein paar Mark musste er jeden Morgen und Abend um sechs die Glocken läuten. Nach der alten Zeit, denn die Kühe verstanden keine Sommerzeit. Die Kirche hatte kein elektrisches Licht. Im Winter war das sehr aufregend. Der Wind pfiff durch die Ritzen, und wir kletterten bei 20 Grad Kälte mit unserem Talglicht in der dunklen Kirche den hölzernen Turm rauf. Ich durfte auch läuten. Es war nicht einfach. Man musste sich mit aller Kraft in das Seil hängen, bis der erste Ton kam. Sonntags trat Fritz den Blasebalg der Orgel.

Im Sommer ging ich mit hinaus aufs Feld, Kartoffeln anhäufeln. Der alte Gaul Fritz bekam bereits das Gnadenbrot. Jetzt bekam er mich. Im Gegensatz zu mir wusste er ganz genau, was zu tun war. Er stellte sich in die Furche und wartete, bis ich den Pflug in die Erde drückte. Dann lief er los. Bis ans Ende, wo er wendete und wartete, bis ich so weit war. Hin und wieder machte er eine kleine Pause. Bei der Roggenernte (Weizen wuchs dort nicht) mussten die Garben zusammen-getragen und zum Trocknen aufgestellt werden.

Die Schnitterkaserne stand leer. Dafür hatte jeder Bauer im Ort einen polnischen Fremdarbeiter. Leo war unser polnischer Zwangsarbeiter, ein Student aus Warschau. Er wurde auch dringend gebraucht, denn den Knecht Fritz hatte man eingezogen. Der hatte seine Schlafkammer im Kuhstall gehabt, aber das wollte man dem Leo nicht zumuten. Unserem Leo ging es gut. Er saß mit uns am Tisch und schlief im Haus. Die Bauersfrau buk sogar für Leos Vater eine Torte, als dieser zu Besuch kam. Zur Dreschmaschine in der Tenne stakte mir der Leo die Garben hoch und ich schnitt sie auf und fächerte sie ein. Das Wasser für uns und für die 16 Kühe musste mit dem großen Schwengel hochgepumpt werden. Im Flur standen zwei Wassereimer. Zum Abwaschen, Reinigen und Trinken.

Das Klosett war 60 Meter weiter hinten im Hof. Im Winter eine kalte Sache, denn es war hinten offen.

Leo spaltete das Holz für den gemauerten Back-Ofen im Garten. Einmal in der Woche wurde Brot gebacken. Zur Erntezeit gab es auch Kuchen für die Helfer. Es war ein hartes, aber gesundes Leben.

Zu Weihnachten zog es mich aber doch nach Hause. In der Schulklasse wurden die Macht-Verhältnisse neu geregelt. Jetzt war ich der Stärkste in der Klasse.

Wegen der Bombenangriffe ging die Klasse meines Bruders mit der Kinderlandverschickung zum Unterricht nach Polen. In Altglienicke fielen anfangs nur ein paar Bomben. Mehr aus Versehen, wenn Flugzeuge abstürzten. Wir schrieben dazu einen Aufsatz: „Bomben auf Altglienicke".

Mein Vater brachte ein altes Lehrbuch für Realschüler mit, das er eigentlich hätte verbrennen sollen. Aus so einem Buch, nur in neuerer Ausgabe, schöpfte der Lehrer seinen Unterrichtsstoff. Jetzt wusste ich immer vorher, was dran kommt. Wir hatten die letzten zwei Jahre den neuen Klassenlehrer Treugebrot, der uns anständig behandelte. Er schlug nicht und meinte, dass wir eine intelligente Klasse seien. Er brachte uns, über den Lehrplan hinaus, manches bei. Freiwillig lernten wir die Quadratzahlen von 1 bis 25, dann das Quadratwurzelziehen mit den Anfängen der Algebra. Ich lernte für mich das Er-rechnen der Kubikzahlen. Das brachte mir nichts ein, denn besser als eine Eins gab's nicht.

Schillers „Glocke" wurde nicht behandelt. Aber weil bei den Verwandten dauernd die Rede davon war, las ich sie mal durch. Die Verse gefielen mir und bald konnte ich sie auswendig.

Ich war 13 Jahre alt, als mir die erste Liebe begegnete. Das heißt, ich sah sie nur von weitem. Aber immer wenn ich sie sah, ging es mir durch und durch. Ich wusste nicht, wie sie hieß, nur dass sie in eine Klasse unter mir ging. Heimlich ging ich ihr auf dem Schulweg nach. Unglücklicherweise wohnte sie am anderen Ende des Ortes. Ich wagte nicht, ihr näher zu kommen, und schon gar nicht, sie anzusprechen.

Lithografenlehre

Mit 14 Jahren war alles aus. Die Kindheit war vorbei. Ich wäre liebend gern länger zur Schule gegangen. Weil ich gern zeichnete, durfte ich in die Lithografenlehre gehen. Der Vater gab mir die 20 Mark für die S-Bahn-Monatskarte. Ich verdiente jeden Freitag 3,55 Mark (5 Mark abzüglich 1,45 Mark für die Krankenkasse). Das war nicht viel Geld, aber mehr als die zehn Pfennige Taschengeld davor und für die Straßenbahn reichte es. Zu kaufen gab es sowieso nichts. Morgens um fünf Uhr aufstehen. Als Frühstück eine in Milch aufgelöste Schrippe mit Zucker. Ich war immer spät dran. Im Dauerlauf zur Straßenbahn. Dann von Adlershof mit der S-Bahn bis Schlesischer Bahnhof und über die Schilling-Brücke zur Köpenicker Straße. Eineinhalb Stunden Fahrzeit. Abends um sechs Uhr zurück.

Dazwischen still sitzen und auf einen Lithografiestein größere und kleinere Punkte machen. Dabei wurden die Druckvorlagen längst fotografisch hergestellt. Ich war froh, wenn ich die Zinkplatten mit dem Fahrrad oder dem Handkarren zur Druckerei bringen musste. Autos fuhren nicht. Wir hatten gerade die Druckplatten für das Plakat „Stalingrad einst und jetzt" fertig. Die Wolga war mit einem Schloss versehen. Die Schlacht ging verloren, und die Platten wurden nicht mehr gebraucht.

Zu der Zeit widerfuhr mir großes Glück. Ich war abends mit dem Fahrrad unterwegs und sah meine Angebetete mit ihrer Schwester und zwei meiner Schulfreunde vor der Gartentür stehen. Ich stellte mich dazu und sprach sie aufgeregt an. Ihr ging es genauso. Doch als ich sie umarmen wollte, sprang sie vor Schreck ein paar Schritte zurück. Auch ich konnte meine Kühnheit nicht fassen, entschuldigte mich und fuhr mit rotem Kopf weiter. Aber ich wusste jetzt, sie heißt Ruth und ihr Vater war Installateurmeister, und sie hatten Telefon. Ich hatte noch nie telefoniert, überwand meinen Horror und rief an. Ich wusste nicht, was ich sagen sollte, und entschuldigte mich wieder. Sie war auch sehr nett, und ich wollte schon ein Treffen vorschlagen, als sie plötzlich anfing zu kichern und sagte: „Hier ist gar nicht Ruth." Ich ließ vor Schreck den Hörer fallen und rannte aus der Zelle. Ich war außer mir. Für mich war es ein lebenswichtiges Gespräch und die Mädchen lachten mich aus. Trotzdem, ich liebte sie noch immer. Ihr Bild ging mir die nächsten sechs Jahre, bis ich wieder frei war, nicht aus dem Kopf.

Vom Reichsamt für Landesaufnahme in der Wilhelmstraße musste ich eine angesengte Landkarte mit den eingezeichneten Start- und Sammelplätzen der Feindbomber abholen. Sie stammte aus einem abgeschossenen Pfadfinderflugzeug und war kriegswichtig. Mit unserer großen Kamera machten wir davon Kopien. Das Reichsamt konnte dies wegen Bombenschäden nicht mehr selbst machen.

Die Bomber kamen fast jede Nacht. Jeder musste in der Firma einmal in der Woche Nachtwache halten. Dafür gab es zwei Mark und eine Suppe. Für den Chef und den Meister musste ich die Wache übernehmen. Sie meinten, ich könnte das Geld gut gebrauchen. Ich hatte viel Glück und freute mich mächtig, dass ich keine Nachtwache hatte, als die Firma im dritten Hinterhof 1944 bei einem Bombenangriff eines Nachts total abbrannte. Der Chef richtete ein Ausweichquartier mit einfacher Ausstattung ein. Dort stellten wir weiter DIN A0 große Gitterfolien für die Luftleitstände her. Der Chef war noch jung, aber ein Riesenekel. Ich habe ihn gehasst. Er hat mir den Beruf verleidet.

Sonnabends war Berufsschultag. Der schönste Tag der Woche. Man konnte bis sechs schlafen. Die Schule ging nur von 8 bis 14 Uhr. Am ersten Schultag, im April 1942, in der Berufsschule für das grafische Gewerbe am Schlesischen Tor, stürmten wir 14-jährigen Jungs in das Klassenzimmer. Der Lehrer, Herr Asche, kam als Letzter. Er ließ noch einer eleganten jungen Dame den Vortritt. Sie hatte eine tolle Figur im engen Kostüm mit kurzem Rock und trug ein Hütchen auf dem Kopf. Und sie trug Seidenstrümpfe, was im dritten Kriegsjahr sehr selten war, und nahm Platz in der ersten Reihe. Der Lehrer und wir waren erst mal baff. Die Dame war 16 Jahre alt , stand auf der Schülerliste und hatte einen Lehrvertrag mit Fischerkoesen, Chef der

Trickfilmabteilung der UFA. Was sollte das werden?

Es wurde was. Nächsten Sonnabend kam die junge Dame in normaler Kleidung. Sie wurde noch mal zur Schülerin und lernte fleißig mit.

Unsere Hilde sagte „Du" zu uns und war überhaupt nicht hochnäsig, sondern sehr hilfsbereit. Dabei konnte sie als Zeichnerin mit unserem Unterrichts-Stoff überhaupt nichts anfangen. Doch sie war an Lerneifer uns allen voraus. Der Lehrer fragte sie nach kurzer Zeit, trotz ihres eifrigen Meldens, nicht mehr ab. Sie wusste immer alles. Wenn sie mal wieder zu laut vorsagte, rief er nur: „Aber Fräulein Hildegard!"

Trickfilmzeichnen war gar kein Ausbildungsberuf. Wir glaubten, dass Hilde die Tochter eines UFA-Gewaltigen war und bei uns vor dem Arbeitsdienst bewahrt werden sollte. Ihr machte die Schule offensichtlich Spaß. Sie zeigte uns stolz ihre Bilder, und wir himmelten sie an. Bei uns hatte sie die Erfolgserlebnisse, die sie beim Zeichnen nicht haben konnte. Trickfilmzeichnen schien noch langweiliger als Lithografieren zu sein. Sie war immer reichlich mit süßen Stücken versorgt und gab bereitwillig ab. Ein Jahr später kam sie nicht mehr. Die Schule hatte einen Bombentreffer erhalten, und wir mussten Schutt schippen. Jetzt, 68 Jahre später, haben wir uns mit Freunden den bewegenden Film „Hilde" angesehen. Die Hauptdarstellerin Heike Makatsch hat den Charakter der jungen Knef so überzeugend wieder-gegeben, dass mir klar wurde: Das war unsere Klassenkameradin. Ich rief im Deutschen Filmarchiv am Potsdamer Platz an. Nach einer Weile rief der Regisseur des Filmes, Kai Wessel, zurück. Er hatte ein

Gremium versammelt und zeichnete die halbstündige Befragung auf. Vom Museum kam ein Dankesbrief.

Herr Wessel hat sich sehr anerkennend zu meinem Bericht geäußert. In ihrem Buch „Der geschenkte Gaul" erfuhr ich Näheres über das weitere Schicksal der Hildegard Knef. Die Abendschule im Freihandzeichnen, die wir zusammen besuchten, schildert sie exakt. Die Schulzeit bei uns kam nicht vor. Das war eben nur eine kleine Episode im Leben der Hildegard. Ihr Bewerbungserfolg erscheint mir nicht ganz zutreffend beschrieben. Wir hatten am ersten Schultag erlebt, wie sie auf Männer wirkte. Ihren Chef, Hans Fischerkoesen, habe ich Jahre später im Sonderlager Nr. 7 des NKWD in Sachsenhausen als ziemlichen Windhund kennengelernt.

In der Berufsschule gab es kein „Heil Hitler", im Gegenteil. Der Lehrer erklärte uns, welch verheerende Wirkung die Rüstung auf eine Volkswirtschaft hat. Er drängte uns von der Direktion einen Schulausweis ausstellen zu lassen. Ohne Hakenkreuze. Dieser Ausweis hat mich später beim Kriegsende vor der Gefangenschaft bewahrt.

Mein Bruder Günter wurde mit 15 Jahren als Luftwaffenhelfer eingezogen. Die Auswahl erfolgte nach Berufsgruppen (Elektriker). Er kam nach Erkner, östlich von Berlin, zu einer 8,8-Flak-Batterie. Der Geschützführer war ein alter Unteroffizier, die Ladekanoniere russische Hiwis, Kriegsgefangene. Die Jungs hätten die schweren Granaten nicht schleppen können. Er selbst kam ans Funkmessgerät, was einen gewissen Intelligenzgrad erforderte. Das Gegenstück zum feindlichen Radar. Die Bomber wehrten sich dagegen mit Unmengen Stanniolstreifen. Mein Bruder musste den Feuerbefehl geben, wenn er einen Flieger erfasst hatte. Tagsüber bekamen sie theoretischen Unterricht in der Elektrotechnik.

Sein Lehrbuch war recht interessant. Ich hab's gleich mitgelernt. Zigaretten bekamen sie nicht. Dafür aber Präservative, die er mir stolz zeigte, als ich ihn am Sonntag besuchte. Denn nebenan war ein Lager von Arbeitsmaiden. Ob die 18 bis 20 Jahre alten Mädels mit den Jungs was anfangen konnten? Gegen Ende des Krieges wurden die Ringwälle weggeschippt zum Erdkampf. Er kam dann auf den Flakturm eines Hochbunkers an die Vierlingsflak gegen Tiefflieger. Die gar nicht kamen. Tiefflieger konnten dem Bunker nichts anhaben und Bombentreffer aus so großer Höhe wären ein reiner Zufall. Nach Stalingrad wurde die 60-Stunden-Woche eingeführt. Statt bis vier Uhr mussten wir jetzt bis sechs arbeiten. Ich musste Sonntagsvormittags die Handkurbel an der alten Andruckpresse bedienen. Nachts kamen die Bomber. Wir zitterten vor Todesangst, wenn die Einschläge immer näher kamen. Wir Jungs gingen raus, um die Stabbrandbomben zu löschen. Gefährlich waren die Splitter unserer eigenen Flak, die herunter regneten. Und dauernd hatten wir Hunger. Es war zu viel für einen 16-Jährigen.

Jetzt, wo ich dies schreibe und mich daran erinnere, träumte ich nachts davon und fiel aus dem Bett, als ich beim Pfeifen der Bomben in Deckung gehen wollte.

Jeder musste für vier Wochen in ein Wehrertüchtigungslager. Die Einberufung war fast

34

eine Erholung. Im Wald bei Heiligenstadt in Thüringen wurden wir von SS-Ausbildern durch die Gegend gescheucht. Der Tag begann und endete mit Waldlauf, Kniebeugen, Liegestützen und Klimmzügen. Zwischendurch gab es Vorträge über die Gefährlichkeit des Weltjudentums und des Bolschewismus. Aber es gab reichlich zu essen. An Fronleichnam machten wir uns unbeliebt, weil wir mit Schmähliedern gegen den Papst durch das blumengeschmückte katholische Heiligenstadt marschierten.

Mit der Hitlerjugend hatte ich jahrelang nichts im Sinn. Hatte einfach keine Zeit dazu. Die HJ-Dienststelle war gleich um die Ecke. Jetzt ging ich zum Gefolgschaftsführer, er war der Bruder eines Klassenkameraden, und meldete mich für sonntags Vormittag zum Dienst. Der gab mir schriftlich, dass ich zum Dienst anzutreten hatte. Und er besorgte kostenlos eine Uniform. Ich konnte mir keine leisten. Gegen die Partei war der Chef machtlos. Der Dienst machte sogar Spaß. Ich traf viele meiner Klassenkameraden wieder. Der Gefolgschaftsführer war sehr in Ordnung. Er besorgte alte Feldtelefone und Draht dazu. Sogar das Morsealphabet lernten wir. Unter Absingen von „Unsere Fahne flattert uns voran" (obwohl wir gar keine Fahne hatten) marschierten wir in Reih und Glied zum Wald. Zu Geländespielen, zwei Parteien mit Anschleichen und rumbolzen. Dass wir bei der HJ waren, merkten wir erst wieder zum Dienstschluss. Wir grüßten unseren Führer mit einem dreifachen „Sieg Heil". Das war viel besser, als am Sonntag zu arbeiten. Infolge meines Diensteifers wurde ich zum Kameradschaftsführer von zehn Jungs befördert. Eines Tages kam der Befehl: „Antreten zum Dienst beim Berliner Sportpalast!" Das war nichts Neues. Wir hatten früher oft schulfrei, um Regierungsgäste mit kleinen Fahnen zu begrüßen. Ob es nun Molotow, der Graf Ciano (Schwiegersohn und Außenminister Mussolinis) waren, oder die 6. Armee beim Einzug durch das Brandenburger Tor.

Einer der letzten öffentlichen Auftritte des Führers war seine Rundfahrt vor der Hitlerjugend im Olympiastadion. Auf einer Seite saßen die Mädchen, auf der anderen die Jungs. Auf der Mädchenseite waren Sitzplätze markiert. Als diese Mädchen auf Kommando die braunen Jacken auszogen bildeten ihre weißen Blusen die Schrift „Führer wir gehören dir". Wir haben das natürlich bejubelt. –

Diesmal waren wir nur ca. 30 Jungs. Wir bekamen jeder eine Fahne in die Hand gedrückt und marschierten auf die Bühne. Dann kam Goebbels und stellte sich vor mir ans Pult und fing an zu reden. Das Übliche: Wir werden siegen, weil wir siegen müssen, usw. Genau weiß ich es nicht, denn wenn man sich zwei Stunden an dem Fahnenstiel festhält und dabei das pinkeln verkneifen muss, hat man andere Sorgen. Dazu kam noch, dass im Saal die Hölle los war. Jahre später hab ich im Film gesehen, dass es sich um Goebbels berüchtigten Aufruf zum totalen Krieg handelte. Also, ich kann nichts dafür, dass wir dazu als Dekoration dienen mussten.

Im Sommer 1944, ich war 16, kam der Einberufungsbefehl zum Arbeitsdienst. Im Gegensatz zu vielen meiner Klassenkameraden, die sich freiwillig zum Wehrdienst meldeten, hielt ich nichts vom

36

Heldentod. Unser Gefolgschaftsführer, der meine Meinung teilte, wusste Rat. Ich wurde zur Arbeit bei der HJ-Dienststelle Neukölln verpflichtet. Für 25 Pfennig am Tag mussten wir Luftschutz Nachtwache auf verschiedenen Dienststellen zu machen. Wenn ein hoher Funktionär in Berlin beerdigt wurde, legten wir Kränze nieder. Dann mussten wir Vitamin-C-Tabletten an die einzelnen Schulen verteilen. Ich half, die getroffene Villa eines Staatssekretärs auszuräumen. Die Frau war sehr nett. Es gab was zu essen. Für Bomben-geschädigte halfen wir, Behelfsheime zu bauen. Dann musste ich als Zugbegleiter im Rahmen der Kinder-Landverschickung Schüler nach Prag begleiten. Der Rektor übergab mir auf dem Anhalter Bahnhof feierlich die Transportpapiere. Die „Kinder" waren Mädchen in meinem Alter. In Prag angekommen, wurden sie in einem ausgeräumten Kino untergebracht. Prag war eine Offenbarung. Eine Stadt im Frieden. Keine Bombenangriffe. Niemand musste zum Wehrdienst. Alles lief zweisprachig ab. Im Café gab es Kuchen ohne Marken.

Der Höhepunkt meiner Arbeit kam, als wir zum Ministerium von Albert Speer bestellt wurden. Jedem von uns wurde eine Aktentasche an den Arm gekettet. Danach wurden wir zu den verschiedenen Gauleitern in Marsch gesetzt. Ich musste nach Klagenfurt. Es war ein Erlebnis, des Nachts durch die schnee-bedeckten Alpen zu fahren. Der Krieg war weit weg. Beim Gauleiter angekommen, meldete ich mich preußisch zackig. Dort war man viel legerer. Man befreite mich von der Aktentasche und legte sie zur Seite und lud mich erst mal zum Essen ein. Auf der

Rückfahrt hatte ich den Bogen raus. Der Marschbefehl war weder zeitlich noch örtlich begrenzt. Man wusste damals nicht, wie die Züge durchkamen. So stieg ich in Dresden aus und übernachtete im Bahnhofshotel für Wehrmachtsangehörige. Dresden war ein Wunder. Eine deutsche Großstadt ohne jede Bombenschäden. Zurückgekehrt, bastelten wir zu Weihnachten Spielzeug für die Kinder des Reichsjugendführers. Zwischendurch hatte ich die Gelegenheit, meine Gehilfenprüfung zu machen. Den praktischen Teil habe ich mit „Gut" bestanden. Das mündliche Ergebnis ging verloren, weil die Industrie- und Handelskammer abbrannte. Immerhin erfuhr ich, dass ich im Reichsberufs-Wettkampf Zweiter wurde.

Im Dezember 1944 kam die Einberufung zum Arbeitsdienst auf die Insel Sylt. Das ehemalige Kinderheim „Vogelkoje" lag an der engsten Stelle der Insel. Dort wuchs nur Gestrüpp. Bei zehn Grad Kälte in Eis und Schnee wurden wir militärisch ausgebildet und krochen durch die Dünen. Wir schliefen bei Kältegraden, denn es gab nichts zu heizen. Nachts wurden wir aus den Betten geworfen und im Nachthemd im Dauerlauf durch die Gegend gejagt. Als ich Angina bekam, pinselte mir der Arzt den Hals mit Jod aus. Es brannte wie Feuer, hat aber geholfen. Endlich konnten wir in Kampen einen Waggon der Inselbahn mit Kohle ausladen. In der Kompanie war einer, der wurde regelmäßig zum Innendienst abkommandiert. Er hieß Engelbert Humperdinck und erzählte, sein Großvater habe ihm zuliebe eine Oper komponiert. Als wir im Februar 1945 zum Wehrdienst entlassen wurden, konnte er als Ausbilder auf der Insel bleiben. Der Feldmeister war wohl musikalisch.

Mir blieben vier Tage zu Hause, bis der Gestellungs-Befehl zur Wehrmacht kam. Die Bomber kamen jetzt jede Nacht. Am 13. Februar gab es Voralarm. Im Radio kam das übliche „Starke Bomberverbände im Raum Hannover-Braunschweig im Anflug auf Berlin". Dann waren sie in einer halben Stunde hier. Doch plötzlich kam eine Meldung „Bomberverbände drehen nach Süden ab". Wir waren froh und gingen ins Bett.

Das war die Nacht, in der Dresden zerstört wurde.

Wehrmacht

Ich kam in die Alexander-Kaserne in Berlin-Ruhleben. Diese war voll mit den Überresten der rumänischen Armee. Wir schliefen auf Stroh in den Pferdeställen. Tagsüber durch den Grunewald gejagt, nachts bei Alarm im Schützengraben, dann vier Stunden Wachestehen

Im Wald, in der Murellenschlucht, war ein Schieß-stand. Dort konnte man zusehen, wie Deserteure erschossen wurden. In der Kompanie war die Hälfte über 45 Jahre, die anderen waren fast alle 16. Ich war schon 17 und musste wohl deshalb das MG-42 schleppen. Auf dem Schießstand durfte ich daraus drei Einzelschüsse abgeben. Das waren die ersten und einzigen Schüsse, die ich in diesem Krieg abgegeben habe. Am Sonnabend bekam ich Urlaub bis zum Wecken. Fuhr natürlich nach Haus, meine neue Uniform vorführen. Auf der Rückfahrt kam ich in den Alarm. Kein Zug fuhr mehr. Auf dem Bahnhof lief ich zwei „Kettenhunden" in die Arme. Der Urlaub war überschritten. Sie sahen ein, dass der Alarm schuld war, und ließen mich laufen. In der Kaserne angekommen, war diese leer. Alle waren in Richtung Balkan in Marsch gesetzt worden. Die Waffen-Unteroffiziere, aus dem Schlaf gerissen, mussten mich nachrüsten, und ich fuhr mit der Straßenbahn hinterher zum Bahnhof. Normalerweise kippte auf so einem Marsch immer einer um. Den sollte ich ersetzen. Diesmal kamen alle an, und ich konnte zurück in die Kaserne.

Am nächsten Tag, es war ein Sonntag, musste ich den Besuchern mitteilen, dass ihre Angehörigen zur Front abkommandiert worden waren. Ich war der Nutznießer, denn die Bauern aus unserem Ort gaben mir die mitgebrachten Fressalien. Ein paar Tage später fuhren wir mit einem Leutnant und ein paar Mann mit der S-Bahn zur Front, das heißt, bis zur Endstation Erkner und weiter mit einem Viehwagen nach Prenzlau. In der kleinen Stadt bezogen wir in einer Scheune Quartier. Der Leutnant zog los, um Verpflegung zu besorgen. Mir wurde das stundenlange Warten zu langweilig, und ich ging zur Post und schrieb einen Brief nach Hause. Prompt wurde ich von der Militärpolizei aufgegriffen. Diesmal wurde es ernst. Unerlaubtes Entfernen von der Truppe wurde schwer bestraft. Nach langen Telefonaten, um den Leutnant aufzuspüren, gelang es diesem, mich loszueisen.

Am nächsten Morgen schulterte ich mit Mühe den schweren Tornister und musste damit den ganzen Tag marschieren. In einer Kaserne in irgendeiner Stadt fielen wir zu Boden und schliefen erschöpft ein. In dem Raum mussten wir drei Tage warten. Dann wurden die Kompanien zusammengestellt. Mit drei Kompanien bezogen wir Quartier im Wald bei Strausberg. Unsere Kompanie bestand zum größten Teil aus Wolgadeutschen. Die waren vorher in der Roten Armee, sprachen Russisch und waren nur halb zivilisiert. Sie schlugen sich und rissen sich die Haare aus. Nur ihr Dorfschullehrer konnte sie einigermaßen bändigen.

Der Major, ein grauhaariger alter Soldat, sprach vom Endsieg, und der Führer „hätte noch was im Keller".

Die Ausbildung erfolgte im Wald. Wir setzten uns in kleine Kreise und alle erzählten sich was. Meistens über Frauen. Mir gingen die Ohren über, denn ich kannte noch keine. Zu essen gab es wenig. Doch unter 18 bekam man statt Zigaretten eine Scheibe Brot mehr. Die Post funktionierte Mitte März 1945 noch und ich schrieb nach Hause. Am nächsten Sonntag besuchte mich meine Mutter. Sie war nie besonders selbstständig gewesen, doch sie schaffte es kurz vor Kriegsende, den Weg quer durch Berlin zu mir zu finden. Sie brachte ein Kochgeschirr mit Essen mit. Sie behauptete, nicht hungrig zu sein, und ich futterte alles allein aus. - So sind Mütter und so ihre Söhne. - Ich muss dazu sagen, dass die Zeit von 1941 bis 1950 absolute Hungerjahre waren. Man merkt meinem Bericht an, dass sich alles ums Essen drehte. Wenn der Mensch am Verhungern ist, hört jede Menschlichkeit auf -.

Wenig später mussten wir in einer Reihe antreten und ein junger Leutnant forderte jeden auf, die Töne nachzusprechen, die er von sich gab. Die Russen verstanden noch nicht mal „Bahnhof". Für mich war es leicht. Ich sagte ihm: „Das heißt K A (kommen Anfang) und der Buchstabe L (ich liebe dich) in der Lautsprache." Er war perplex und ich gebongt. Mit ein paar Kameraden ging es per Lkw zur Nachrichtenkaserne in Pasewalk. Während die Kompanie zur Front musste, ging ich auf die Schulbank. Morsen lernen war bei der HJ ein Spiel gewesen, jetzt war es lebensrettend. Es war nicht leicht. Morgens um fünf Uhr zwei Stunden geben und hören. Dann waschen und etwas essen. Das ging bis zehn Uhr abends. Zwischendurch warfen die Russen ein paar kleine Bomben ab, die nicht viel Schaden anrichteten.

Am 20. April, zum Geburtstag Hitlers, kam ein Parteiredner mit Durchhalteparolen. Er wurde ausgelacht und verzog sich schnell. Abends hörten wir mit unseren Funkgeräten Goebbels Geburtstagsrede. Sie hörte sich an wie nicht von dieser Welt.

Die Verpflegung war völlig unzureichend. Umso mehr waren wir überrascht, als es plötzlich dicke süße Milchsuppe gab, so viel wir wollten. Wir standen dazu in zwei Reihen an. Das Rätsel löste sich, als wir feststellten, dass die zweite Reihe russische Kriegsgefangene in unserem Alter waren. Das Milchpulver war eine Hilfslieferung des schwedischen Roten Kreuzes.

Dann kamen wir nicht mehr zum Lernen. Es trafen immer mehr Sanitätsautos mit Verwundeten ein. Sie schrien jämmerlich und wollten trinken. Wir mussten sie ausladen und in den Keller bringen. Die Toten haben wir aussortiert. Unser Kompaniechef wurde zum Kampf-Kommandanten ernannt.

Er teilte uns, ca. 25 Mann, in Fünfergruppen mit je einer Panzerfaust ein und postierte uns an Hausecken in der inzwischen verwüsteten und menschenleeren Stadt. Uns fiel die Aufgabe zu, die Rote Armee aufzuhalten und wenn möglich zurückzuschlagen. Die Jagdbomber kamen in kurzen Abständen. Wir steckten unsere Nase dauernd in den Dreck. Als ein gewaltiger Motorenlärm ausbrach, schaute ich mich um und stellte fest, dass wir nur noch zu zweit waren.

Da zwischen uns und den Russen keiner mehr war, ließ ich die Panzerfaust liegen und rannte los. Auf der Brücke waren Pioniere an der Arbeit. Sie schrien: „Runter, wir sprengen!" Am Bahnübergang lagen zwei Kameraden von meiner Kompanie tot da. In der Luft spien die MIGs Flammen aus den Flügeln. Ich bin die Allee von Baum zu Baum weitergelaufen. Jetzt war ich ganz allein in dem Krieg und wusste nicht, was ich machen sollte. Auf Fahnenflucht stand die Todesstrafe. Ich musste mich schnellstens bei irgendeiner Einheit melden. Und wieder hatte ich unverschämtes Glück. Aus einem Gehöft am Waldesrand kamen heulende Nachrichtenhelferinnen gelaufen. Die „Blitzmädchen" sagten: „Sie haben uns entlassen. Von Kiew an waren wir dabei, jetzt fallen wir den Russen in die Hände." Es war der Generalstab mit dem Divisionsgeneral. Ich meldete mich und gab Nachricht, dass die Brücke gesprengt sei und die Stadt nicht verteidigt werde. Einen Funker konnte man jetzt gebrauchen. Nur konnte ich höchstens 40 Takte in der Minute geben. 80 war normal, 60 hätten auch gereicht. So drückten sie mir das Enigma-

Chiffriergerät in die Hand. Das war GEKADOS, also geheime Kommandosache. Einfachen Funkern war es nicht zugänglich. Ich konnte damit nicht umgehen, war aber sehr stolz mit dem Ding.

Es kamen keine derart verschlüsselten Funksprüche mehr. Meistens wurde in der Eile Klartext gegeben. Den doppelten Rasterschlüssel hatten die Russen längst und gaben damit falsche Absetzbefehle. Wir fuhren immer knapp vor ihnen in Richtung Westen. In Demmin wurde ich im Fernamt am Klappenschrank postiert. Es war einfach. Immer wenn ein Licht leuchtete, den Stecker reinstecken. Da kamen dann Anfragen: „Ist der Russe schon bei euch?", oder es wurde gar Russisch gesprochen. Übernachtet wurde in einer Burg im Rittersaal, zwischen Flüchtlingen, meist Frauen und Kindern. Als der Befehl kam: „Raustreten, Leitung flicken!", sah mich der Unteroffizier an und sagte: „Du bleibt hier!" Es war ein Himmelfahrtskommando. Und dieser Unteroffizier hielt nichts von Kindern im Krieg. Nebenan hatten sie ein Schwein geschlachtet und gebraten. Ich bekam ein Stück ab.

Am nächsten Morgen fuhren wir in einem endlosen Flüchtlings-Treck mit unserem Büssing-Diesel-Lkw schnurgerade durch einen großen Wald. Es gab kein Ausweichen, wenn die Tiefflieger dazwischen schossen. Links und rechts saßen die Familienangehörigen bei ihren Verwundeten oder Toten. Ein Wehrmachtsholzvergaser war stecken geblieben und die Soldaten verteilte aus Kisten die Ladung. Es war Fliegerverpflegung. Schokolade in runden Blechdosen.

Ich stopfte meinen Brotbeutel und die Gasmasken-büchse voll.

Zwischen Laage und Teterow bekamen wir auf freiem Feld Feuer von vorn. Wir vom Wagen runter und wie die Hasen die Anhöhe hinauf in den Wald. Meine MP und die Enigma ließ ich liegen. Wen es erwischt hatte, weiß ich nicht. Ich fand mich im Wald mit ein paar älteren Offizieren wieder. Die wollten sich zu den deutschen Linien durchschlagen. Als ich aber merkte, dass ich sie bis dahin mit meiner Schokolade hätte verpflegen müssen, schlug ich mich in die Büsche.

Die Nacht war kalt, es fror noch. Ich verbrachte sie eingeknüpft in meine Zeltplane in einem großen Strohschober. Von fern hörte man Schießen und Singen. Morgens, es war der 1. Mai, traf ich am Waldrand drei weinende Frauen. Es waren Offiziers-frauen, die von Russen vergewaltigt worden waren und sich jetzt mit ihren Babys in einem Tümpel das Leben nehmen wollten. Der war aber nicht tief genug, was sich an einem Kinderwagen erwies, den sie rein geschmissen hatten. Ich zog den Wagen aus dem Wasser und sagte ihnen, dass alles irgendwann vorbeiginge. Sie sollten an ihre Kinder denken und nach Hause gehen und sich verstecken.

Von Weitem sah ich endlose Kolonnen von ameri-kanischen Studebaker-Lastautos mit Russen. Da-zwischen deutsche Soldaten mit Taschentüchern um den Arm, und die Russen taten ihnen nichts.

Ich trennte meine „Hoheitskrähe" von der Jacke ab. Ein Taschentuch hatte ich auch noch und ging runter. Die Russen waren gar nicht so.

Sie waren in meinem Alter, fröhlich und besoffen. Bei einer Stockung riefen sie mir zu: „Woyna kaputt, Fritz damoy!" (Krieg ist aus, Fritz, geh nach Haus!) Ich antwortete mit einem gemeinen russischen Fluch, den man auch zur Begrüßung unter Freunden verwendet. Den hatte ich bei meiner letzten Kompanie gelernt. Sie lachten und boten mir Wodka an. Von da an war ich Trittbrettfahrer bei der Roten Armee. Jedenfalls solange es in meine Richtung, Berlin, ging. Als die Kolonne abbog, sprang ich ab.

Die Dörfer in Mecklenburg waren menschenleer. In einem einsamen Gehöft waren ein paar Männer dabei, Hühner zu braten. Ich hatte genauso viel Angst vor denen wie sie vor mir. Es waren französische Arbeiter, die mir ein Hühnchen abgaben. Sie wollten einen Elsässer aus mir machen, aber ich wollte nach Hause.

In einem Dorf war noch eine Familie da. Der kleine Junge sagte, die Russen hätten mit seiner Mutter was Böses gemacht. Sie gaben mir den viel zu großen Sonntagsanzug ihres gefallenen Sohnes. Meine Uniform landete samt dem Soldbuch auf dem Misthaufen.

Ich zog weiter. Unterwegs fand ich ein Fahrrad, kam aber nicht weit damit. Ein russischer Soldat wollte es unbedingt haben. Wir zogen Jeder an einem Ende, doch er blieb Sieger. Dabei konnte er gar nicht fahren und flog gleich damit hin.

Auf freiem Feld traf ich zwei deutsche Soldaten. Wir marschierten zusammen, bis zwei aufgelöste Arbeitsdienstmädels kamen und uns anflehten, mit zum Lager zu kommen, wir würden alles von ihnen bekommen, denn die Russen kämen jede Nacht.

46

Die zwei gingen mit und ich marschierte allein weiter. Bis zu einem verlassenen Dorf, wo auf einem Bauernhof noch zwei junge Frauen lebten. Ich half ihnen beim Unkrautjäten der Kartoffel- und Gemüsefelder. Ihre zwei Pferde hatten sich selbstständig gemacht. Man sah sie von weitem grasen. Aber die Kühe mussten gemolken werden.

Ab und zu kamen Russen vorbei und wollten „Urri". Die verängstigten Frauen schoben mich dann immer vor, und ich musste mit den Russen Wodka trinken. Der Revolver, den sie mir vorhielten, war eine ungeladene Leuchtpistole. Das sah gefährlicher aus, als es war, trotzdem durfte ich den Schnaps nicht abschlagen. Sie hatten ihren Spaß daran, wenn mich der Fusel umhaute.

Eines Tages erschienen Soldaten mit einer riesigen Kuhherde. Zum Melken waren deutsche Frauen dabei. Die hofften so, ihre Heimat in Ostpreußen zu erreichen. Als Erstes wurde ein Kalb geschlachtet. Dann drehten wir die Zentrifuge Tag und Nacht. Die Milch konnte nicht aufgehoben werden. So produzierten wir riesige Mengen Butter. Alle Kühe wurden requiriert. Nur eine pro Familie durfte man behalten. Unsere blöde Kuh zog aber mit der Herde auch noch mit. Wir hinterher zu den Herdentreibern. Das waren Bauernburschen, die über Kühe Bescheid wussten. Sie stoppten die Herde und die Frauen durften ihre Kuh raussuchen.

Nach einigen Tagen zog ich weiter. Die Gegend war immer noch verlassen. Nur in einem Dorf waren zwei ältere Frauen da. Die nahmen sich meiner an. Eine sprach Russisch und setzte gekonnt auf

Briefpapier der Gemeinde auf Deutsch und Russisch ein Schreiben auf. Ich hätte dort gearbeitet und wollte nach Hause zu meinen Eltern. Zum Schluss gab es noch einen Gemeindestempel darunter.

Wieder einmal hatte ich Glück. Im Rathaus war eine Mappe mit Landkarten. Darunter war eine Generalstabskarte 1:100.000 vom hiesigen Bereich. Der Maßstab war ausreichend genau, um das große Waldgebiet auf abgelegenen Wegen zu durchqueren.

Ich begegnete im Wald keinem Menschen und kam in Waren an der Müritz raus. Waren war bewohnt und auf dem Bahnhof versuchte man sogar, einen Zug in Gang zu bringen. Zusammen mit Frauen und Kindern saß ich in einem Viehwagen. Nach mehreren Stunden fuhr der Zug los. Er kam nicht weit, denn deutsche Kriegsgefangene waren dabei, die Gleise abzubauen. Ich schlich mich auf der anderen Seite im großen Bogen um die Baustelle herum.

Und da waren doch tatsächlich drei deutsche Landser dabei, eine Draisine auf die Schienen zu heben. Ich war als Vierter willkommen, und so kurbelten wir zusammen bis kurz vor Fürstenberg. Eine gesprengte Brücke beendete unsere Fahrt. Wir konnten gerade noch rechtzeitig abspringen. - Wenn man das jetzt so liest, hat man schon den Eindruck, dass hier jede Menge Zufälle und Glücksfälle zusammenkamen. Tatsächlich konnte ich kaum etwas selbst bestimmen. Mir fiel das damals nicht auf. Ich sah nur zu, dass ich weiterkam. -

In Fürstenberg stellte ich mich zu einer Frauengruppe dazu, die russischen Lkws zuwinkten. Ein Lastwagen hielt an und ich half den Frauen beim

Einsteigen und stieg zum Schluss selbst mit auf. Es waren aus dem KZ befreite jüdische Ungarinnen.

Das Auto fuhr nur die halbe Strecke nach Gransee, meinem nächsten Ziel. Ich sprang ab und marschierte allein weiter.

Zwei Kinder, so acht bis zehn Jahre alt, waren mit ihrem kleinen Leiterwagen und einem Kartoffelsack von der Großmutter auf dem Weg nach Hause. Ich half ziehen. Die Mutter lebte allein, der Mann war eingezogen. Im Haus gab es kein Wasser. Ich machte mich nützlich und machte mit dem Pumpenwasser die Badewanne voll. Dann gab es Kartoffelsuppe und ein Bett.

Am anderen Morgen wurde ich in Gransee von einem deutschen Kontrollposten mit roter Armbinde angehalten. Die suchten deutsche Soldaten. Mein Schulausweis und das russische Attest überzeugten sie schließlich. Ich durfte gehen.

Ein Militärlastwagen nahm mich mit. Oben saßen zwei polnische Offiziere auf einer Plane. Sie hatten Schweinehälften geladen. Ich hatte von Leo ein paar Brocken Polnisch gelernt und der eine Offizier sprach etwas Deutsch. Und so unterhielten wir uns angeregt als wir in Berlin einzogen. Sie wollten wissen, ob das der rote Wedding wäre. Ich war zuvor noch nie da, aber die Ruinen mussten der Wedding sein.

Durch Berlin fuhr ich auf dem Trittbrett eines russischen Kastenwagens mit. Der Fahrer schimpfte zwar, aber anzuhalten war ihm die Sache nicht wert. Er hatte mit dem Lenken zu tun. Am Treptower Park bog er nach Karlshorst ab.

Ich lief schnurgerade weiter.

Immer das Adlergestell entlang. Am Bahnhof Adlershof nahm ich die Unterführung der Rudower Straße entlang des Johannisthaler Flugplatzes. Die Rudower Brücke des Teltowkanals hatte man gesprengt. Mein Klassenkamerad Reidl, der wegen seiner Fettleibigkeit nicht eingezogen worden war, paddelte auf dem Kanal und setzte mich über. Eine halbe Stunde später war ich zu Hause.

Mai 1945

Ende Mai war ich also als Erster wieder zu Hause und meldete mich bei der Polizei zurück. Das Leben war herrlich. Alles war vorbei, wie ein böser Traum. Es gab keine Bombenangriffe mehr. In Altglienicke waren keine großen Schäden. Ich saß wieder in kurzen Hosen auf der Bordsteinkante. Da die Züge nicht fuhren, konnte ich nicht zu meiner Arbeitstelle.

Im Juni 1945 stand in unserer Straße, schräg gegenüber vom Haus, ein russischer T-34-Panzer, umringt von Kindern. Die Besatzung teilte Brotstücke aus. Was anderes hatten sie nicht. Ich hielt auch die Hand hin und bekam eine Brotscheibe ab. Sonst waren in Altglienicke keine Russen zu sehen. Nur einmal trieben sie eine große Kuhherde durch den Ort.

Jeden Morgen trafen wir uns zum Arbeitseinsatz. Es gab kein Geld, nur eine bessere Lebensmittelkarte. Der Einsatzleiter war der Vater eines Schulfreundes. Wir schippten Panzergräben zu. In Adlershof wurde bei Schering die Insulinproduktion mit unserer Hilfe wieder aufgenommen, nur um das Verfahren den Russen zu zeigen. Die Anlage wurde hinterher abgebaut und nach Russland verschickt. Im Güterbahnhof entluden wir Kornsäcke auf Lastwagen zum Vermahlen nach Köpenick. Die Russen hatten sie aus Schlesien zur Versorgung Berlins herbeigeschafft. Für meine Konfirmations-Taschenuhr sah der Wachtposten weg, als ich einen Sack auf einen Leiterwagen lud. Und ich kam damit glücklich in Altglienicke an.

Wöchentlich fanden in der Schulaula Konzerte statt.

Das Winken ging weiter. Diesmal jubelten wir auf der Schönefelder Chaussee kurz vorm Friedhof einer russischen Wagenkolonne mit verhängten Fenstern zu. Es waren große zivile Fahrzeuge und das Gerücht ging um Stalin könnte drinnen sitzen. Na, wir winkten erst mal.

Mein Vater fuhr weiterhin mit dem Fahrrad nach Rudow zur Arbeit. Anfang Juli verhafteten ihn die Russen wegen seiner Parteizugehörigkeit. Er hatte sein ganzes Leben schwer gearbeitet und keinem Menschen was getan. Wir hofften, dass er bald wiederkäme. Aber er wurde erst 1948 aus Buchenwald entlassen. Krank und invalid lebte er noch bis 1952.

NKWD

Als ich am 19. Juli abends von der Arbeit nach Haus kam, sagte mir meine Mutter, dass zwei Männer mit einer Armbinde da waren und mich zur Registrierung aufs Polizeirevier bestellt hätten. Der eine war ein Bekannter, und ich lief noch, trotz der Sperrstunde, abends hin. Dort sagte man, es wäre zu spät, ich solle morgen wiederkommen. Nur unsere Nachbarin, die dort putzte, war noch da. Mit ihrem Sohn, meinem

Klassenkameraden Reinhold, hatte ich am Tag zuvor, zusammen mit dem Rektor, das Schuldach ausgebessert. Am anderen Morgen, es war ein heißer Tag, ging ich im Kanal baden und goss die Blumen im Garten. Beim Mittagessen kamen die zwei wieder. Unser Bekannter sagte, dass ich warme Unterwäsche mitnehmen solle. Ich war mir keiner Schuld bewusst und sagte: „Ich komme gleich", worauf die zwei abzogen. Ich ließ mir Zeit und ging dann zum Revier. In einem Zimmer saß ein deutscher Zivilist, der an seinem Revolver rumfummelte. Als ich eintrat, schrie er:„Da kommt ja einer von der Hitlerjugend, der die Kinder verhauen hat."

Ich entgegnete, dass ich niemand verhauen hätte und auch nicht der Kräftigste sei. Er griff nach dem Revolver und schrie: „Raus!" Dann sperrte man mich in eine Zelle. Abends bot mir ein russischer Soldat eine Papyrossi an. Anschließend spazierten wir ganz gemütlich nach Adlershof zur dortigen Kommandantur. Dort schlief ich mit anderen im Hof auf Betonboden. Am anderen Morgen nahm ein Russe in Zivil meine Personalien auf. Er hielt mir eine Rolle Aspirin unter die Nase und fragte mich, wofür das sei. Ich sagte, gegen Kopfschmerzen und Fieber. Diese Aspirin-Frage wurde mir und anderen später noch öfter gestellt. Anscheinend eine Art Intelligenztest. Zum Schluss musste ich ein Schriftstück in russischer Sprache unterschreiben. Als der Wachposten allein war, prügelte er mit einem Eisenrohr auf jeden von uns ein. Abends wurden wir sechs mit einem Lkw nach Altglienicke transportiert und in den Keller der Kommandantur gesperrt.

Am nächsten Tag wieder ein Verhör, diesmal eingehender. Ich traute meinen Augen kaum: Der Dolmetscher war mein Freund Peter. Der hatte auch Angst und legte hinter dem Rücken des Beamten den Finger auf den Mund. Peter war Jugoslawe und saß bei Fliegeralarm bei uns im Keller. Wir unterhielten uns immer sehr angeregt. Er ging mit der bewussten Jenny vom Nachbarhaus und schlief dort, was eigentlich streng verboten war. Das kümmerte keinen. Mit der Jenny konnte jeder gehen. Die Familie hatte keinen Keller, aber einen Haufen Kinder. Die zwei Jüngsten wurden abends mit dem Bus zur Reichskanzlei gebracht. Dort konnten sie im Keller schlafen und bekamen Essen.

Mir war klar, dass Peter nicht helfen konnte. Aber der Wachposten holte mich öfter aus dem Keller, um den Hof zu fegen. Ich bekam auch ein Stück Brot, um die Tauben zu füttern. Die Vernehmung war sachlich. Praktisch nur die Überprüfung meiner Personalien. Auf die Frage, ob ich die Adressen von Freunden kenne, gab er sich mit „Nein" zufrieden. Dann kam wieder die obligatorische Pillenfrage. Nach ein paar Tagen kam im Dunkeln ein riesiger Gefangenenzug vorbei, in den wir sechs eingereiht wurden. Es ging quer durch den Ort nach Köpenick. Dort gegenüber dem Rathaus wurden wir in einen Keller gepfercht. Der Keller war niedrig. Größere konnten nicht stehen. Auch nicht umfallen, es war so eng, dass man nicht die Arme bewegen konnte. Ich habe mich gleich anfangs zur einzigen Kellerluke durchgedrängelt und verteidigte den Platz, wo man Luft bekam. Es war ein Schreien und Stöhnen, viele bekamen keine Luft.

Am Morgen wurden wir ohne Essen auf Lastwagen verladen und nach Hohenschönhausen zu einer ehemaligen NSV-Großküche gefahren.

Dort waren in einer großen Halle Holzpritschen dreifach übereinander aufgebaut, auf denen wir uns hinlegten. Als Latrine diente ein Erdloch, in das Ätznatron rein geschüttet wurde. Der Schauspieler Heinrich George war in der Küche beschäftigt. Er brauchte da nicht zu hungern. In Blechbüchsen gab er mit der großen Kelle die Suppe aus. Ich blieb nur eine Woche dort.

Wir wurden mit dem Lkw nach Weesow gebracht. Das ist ein kleiner Ort bei Werneuchen, in dem drei Bauerngehöfte mit Stacheldraht umzäunt waren. Die Häftlinge waren in vier Pritschen übereinander in den Scheunen untergebracht. Beim Arbeitseinsatz auf dem Flugplatz Werneuchen reinigten wir die Kasernen. Von allen Häftlingen wurden Fingerabdrücke aller zehn Finger gemacht.

Am 16. August 1945 wurde das ganze Lager in Marsch gesetzt. In Fünferreihen ging es an Bernau vorbei im Viertelkreis um Berlin herum bis Sachsenhausen bei Oranienburg in das ehemalige Nazi-KZ. Die Posten links und rechts trieben den Zug mit Gewehrkolben an. Wir liefen den ganzen Tag ohne Pause. Sonst hätten sie uns nicht mehr hochgekriegt. Der Lastwagen hinten nahm nur die Toten mit. Mich traf es besonders schlimm, denn mir wurde die Tagesration Brot geklaut. Gegen Abend kamen wir an.

Sachsenhausen

Die alte Belegschaft war erst vor kurzem abgerückt. Überall lagen Zyklon-B-Gaskartuschen zur Ungeziefer Bekämpfung rum. Mit Russen oder freien Deutschen hatten wir keinen Kontakt. Die Bewachung bestand aus den Postentürmen an der Mauer, besetzt von den Grünmützen der NKWD mit MP und automatischen Scheinwerfern. Davor ein elektrisch geladener Zaun und Stacheldrahtverhau. Das Ganze zweimal, denn um das Innenlager lagen weitere Baracken und die Werkstätten. Ein deutscher Ritterkreuzträger, Major Michalowski, wurde zum Lager-Kommandanten ernannt. Ihm unterstanden fünf Bataillone von je ca. 2000 Gefangenen. Eines davon waren Frauen. Dieses war nochmals von einer Mauer umgeben. Die Frauen hielten sich besser. Dort wurden mehr Kinder geboren, als Frauen starben.

Die schwangeren Frauen erhielten keinerlei Hilfe. Erst wenn das Kind da war, gab es eine Ration mehr. Wir waren in Baracken zu 200 Mann untergebracht. Zu zwei Zügen, links und rechts. Geschlafen wurde auf drei bis viermal übereinandergestapelten blanken Brettern. In der Mitte befand sich der Waschraum mit zwei runden Waschsäulen. An der Wand waren sechs Wasserklosetts. Neben der Tür war ein Zifferblatt aufgemalt. Es gab eine moderne Großküche. Alles gefliest, mit großen gasbeheizten Kesseln. Die Suppe wurde von zwei Essensträgern in großen Kübeln geholt. Da wegen der großen Belegung die Kübel nicht ausreichten, benutzten sie auch Mülltonnen.

Täglich gab es 400 Gramm im Kasten gebackenes feuchtes Brot und eine Konservenbüchse dünne

Suppe. Mal monatelang Kartoffelsuppe ohne Fleisch, mal Weißkohlsuppe. Ganz schlimm war durchgedrehter Fisch oder „geleimte Luft" (Sagosuppe). Die Zugführer bekamen einen Nachschlag, wenn etwas Suppe übrig war. Danach die unter 18-Jährigen. Ich blieb ewig 17. Wir hatten alte Konservenbüchsen und manche ein Stück zu Recht gehämmertes Aluminium als Löffel.

Gegenüber der Küche war eine große moderne Wäscherei. In der Dusch- und Entlausungs-Baracke wurden wir alle zehn Tage geduscht und die Kleidung hoch erhitzt, um Läuse zu töten. Leider half das nicht bei Wanzen. Die saßen in jeder Ritze.

Das Einschlafen auf blanken Brettern in leichter Sommerkleidung fiel schwer. Doch im Schlaf begann ich mich trotzdem behaglich zu fühlen. Umso schrecklicher war es, wenn ich morgens wachgerüttelt meiner Lage wieder bewusst wurde.

Die Minusgrade im Winter wurden vielen zum Verhängnis. Zwar gab es in jeder Baracke einen Ofen, aber es gab nichts zu heizen. Es waren in der Mehrzahl ältere Leute, Ingenieure, Akademiker, Ärzte, Beamte, Lehrer. Auch zwei Jüngere, 13 und 15 Jahre alt. Die waren sehr frech. Mit dem Essen konnte man nicht überleben. Morgens lagen öfter Tote auf den Pritschen. Manche röchelten stundenlang, bis sie endlich starben. Die Toten wurden morgens ganz früh mit dem Leiterwagen vom Leichenkommando aus dem Lager geschafft.

Jeden Winter wurden ca. 2000 Tote durch Gefangene anderer Lager ersetzt. Morgens vor der Brotausgabe und abends mussten wir kompanieweise bei jedem Wetter auf dem Appellplatz zum Zählen antreten. Obwohl die Zählsergeanten fleißig den Abakus benutzten, dauerte es oft stundenlang, bis das Ergebnis stimmte. Wahrscheinlich lag es daran, dass jeden Augenblick einer starb und die Meldung nicht gleich durchkam. Die Russen beschränkten sich auf die Bewachung der Außenmauer. Die Soldaten hatten keinen Zutritt zum Lager. Nach draußen gab es keinerlei Verbindung. Niemand erfuhr, warum und wie lange er inhaftiert wurde. Es gab keine Arbeit und keine Ansprache, nur stumpfsinniges Warten. Wir waren einfach weggesperrt. Das allgemeine Thema war der Austausch köstlicher Kochrezepte. Bei uns war ein kleiner, völlig zerlumpter und apathischer, abgemagerter Mann mit einer typisch höflichen akademischen Aussprache. Wir gaben ihm nur noch kurze Zeit. Der machte eines Tages auf einem Fetzen Papier eine technische Zeichnung. Es war die Steuerung der V-2, erklärte er uns. Die übergab er den Zähl-Sergeanten und fing sich eine gewaltige Ohrfeige ein. (Der Besitz von Schreibmaterial war verboten.) Zwei Tage später wurde er abgeholt. Dann wurde einer zur Kommandantur geholt. Er sprach Russisch und wir sorgten uns. Er kam zurück und sagte: „Der Kommandant wollte Schach spielen."

Gleich am Anfang wurde das Lazarett leer geräumt. Alle Medikamente, tausende Röntgenbilder, die Röntgengeräte und alle ärztlichen Instrumente wurden in ein großes Loch geworfen und mit Erde zugeschüttet. Es waren unter den Inhaftierten viele Ärzte, doch sie konnten niemanden behandeln. Eine Aufnahme im Lazarett bedeutete lediglich Befreiung vom Appellstehen. Ein Assistenzarzt von Sauerbruch, Dr. Plagemann, schnitt mir mit der Schere eine vereiterte angeschwollene Entzündung an der Hand auf. Er sagte einfach „Junge, guck mal weg"

An Heiligabend 1945 lagen wir nachdenklich auf den Pritschen. Plötzlich hieß es: „Alles raus!" Vor den Baracken antreten. Wir wurden verlegt. Bisher nach dem russischen Alphabet sortiert, war es jetzt der Vorname des Vaters. Mein Name war Geinz Bernardowitsch Fitzner. An dem Abend habe ich geweint.

Im Vorlager, wo die Soldaten schliefen, waren Ukrainer inhaftiert. Die hatten für die Deutschen gearbeitet, als die Ukraine besetzt war. Lauter kultivierte Leute. Da waren der Theaterintendant Tschuikow, ein feiner alter Herr, und seine Ballettmeisterin, eine quirlige alte Hexe. Und Ingenieure, Schauspieler und Artisten. Die kriegten vom russischen Kommandanten den Auftrag, für die Soldaten im Vorlager eine Baracke als Kinovorführraum umzubauen. Das war eine Aufgabe für den langen roten Peter. Er wurde Pjotr Bolschoy genannt, Peter der Große. Er war Ingenieur und stellte ein Kommando aus Handwerkern zusammen. Ich war körperlich noch gut in Schuss und anscheinend sah er mir an, dass ich zu gebrauchen war. Unser Natschalnik verstand sein Handwerk.

Zuerst wurde das Dach einer Baracke um ein Stockwerk erhöht, danach eine Kabine für den Vorführraum eingebaut. Dann überzeugte er den Kommandanten, eine Bühne für Theateraufführungen einzubauen. Ich war u. a. als Maler beschäftigt und bekam den Auftrag, einen Sack mit Haaren zu besorgen, die hinter dem Krematorium lagerten.

Das lag in der hintersten Ecke und ich nutzte diese Gelegenheit zu einer Besichtigung. Die vier Verbrennungsöfen waren offen, so wie die SS sie verlassen hatte. Ein Durchgang mit Duschen war da, über den man zu einer gut eingerichteten Küche kam. Auf dem Tisch stand eine Flasche Bier und lag ein Buch von Edwin Dwinger. Es handelte von Gefangenschaft in Sibirien. Das Buch kannte ich und ließ es liegen. Das Bier war noch frisch und schmeckte gut. Ich fand die Säcke mit den Haaren und zog los. Sie wurden zur Auspolsterung der Sitze und Lehnen für die Offizierslogen gebraucht. Vielleicht waren es unsere Haare, denn wir wurden einmal im Jahr auf dem Kopf und zwischen den Beinen kahl geschoren.

Inzwischen drillte die Ballettmeisterin ein Dutzend Mädchen in meinem Alter.
Die brasilianischen Hermann-Zwillinge waren auch dabei. Ihr Vater konnte bei Kriegsausbruch nicht nach Brasilien zurück. Ein Orchester wurde zusammengestellt. Die Musiker, viele von der Berliner Philharmonie, durften ihre Instrumente unter Bewachung von zu Hause holen. Der Dirigent hieß von Münchhausen. Auch eine Showband unter einem Rumänen wurde in Bolerojäckchen auf die Beine gestellt. Es kam eine Inspektion von russischen Offizieren. Unsere Musiker spielten eine Carmen-Suite, als ginge es um ihr Leben. Was in gewissem Sinne stimmte. Der Kommandant war stolz. Er wurde sehr gelobt. Es brachte uns die Befreiung vom Abendappell ein.

Ein Stück Brot wäre mir lieber gewesen, aber immerhin.

Es war den Ballettmädchen nicht zu verübeln, wenn sie sich in die Ukrainer verliebten. Diese waren jung, kultiviert und teilten ihr Sonderessen mit ihnen und halfen ihnen damit zu überleben.

Hin und wieder bekamen auch wir einen Nachschlag. Die Zwillinge versuchten mich zu überzeugen, wie lieb doch Babys seien. Ich habe damals nicht gleich verstanden, dass sie von sich sprachen, und war über ihre Einstellung ganz entsetzt. Hier im Lager! Sie haben dann abgetrieben. Es waren genug Ärzte da, die Hunger hatten. Ich wurde Requisiteur. Aus Pappe, Tischlerleim und Farbe bastelte ich Bojarenmützen, Schwerter und alles, was gebraucht wurde. Denn unsere Truppe wagte sich an die russischen Klassiker. Puschkin, Gogol, Boris Godunow, Tschaikowski, Dvoraks „Russalka". (Da wurden viele Fische gebraucht).

Das Orchester spielte russische und deutsche Klassik. Auch Tanzabende gab es mit unserem Ballett. Der Marsch „Alte Kameraden" war sehr beliebt und „Bei mir bist du scheen". Abends bediente ich den Vorhang. Mit den Ballettmädchen war ich inzwischen befreundet. Es tat weh, wenn ich die Mädels mit den russischen Offizieren tanzen sah. Für mich waren sie unerreichbar. Aber eines Tages im Mai, als sie mit den Übungen fertig waren und die Meisterin gegangen und nur noch ich da war, tanzten und sangen sie fröhlich in den grünen Röckchen einen Reigen, „Wer recht in Freuden wandern will", nur für mich allein.

Mit dem Ballett hatte ich Geschäftsbeziehungen, natürlich alles heimlich. Ich malte auf Karton in doppelter Postkartengröße kleine Bildchen in Art der Hummelfiguren. Immer dasselbe. Die Frauen konnten bei mir bestellen: kleine Jungs oder Mädchen, in Blond oder Braun, mit einem Blumenstrauß in den Händen. In Federzeichnung, farbig koloriert. Außen klebte ich als Rahmen einen dünnen Holzstreifen auf. Ein Nagel zum Aufhängen wurde mitgeliefert. Am anderen Tag erhielt ich eine Scheibe Brot dafür.

Im September 1947, als ich 20 wurde, haben die Mädchen alle zusammengelegt und mir zum Geburtstag eine aus feuchtem Brot und Zucker geformte Brottorte geschenkt.

Dann wurde Heinrich George, von Hohenschönhausen kommend, in unsere Baracke eingewiesen. Er war bei den Russen bekannt und erhielt Sonderessen.

Die Pritschen in unserer Baracke waren zweistöckig. George schlief unter mir, denn hochklettern konnte er nicht. Ich tat ihm kleine Gefälligkeiten, wie Schuhe binden, Brot empfangen, Jacke abbürsten usw.

Öfter erhielt ich ein Stück Brot von ihm. Eines Tages kam Fischerkoesen, ehemaliger Chef der Trickfilm-Abteilung der UFA, zu Besuch. Er war gut gekleidet und ernährt und hatte in einer Mappe A3 große Bilder in Tempera dabei. Allgäuer Alpenmotive. Die malte er in einer eigenen Werkstatt für den Kommandanten und bekam dafür Sonderverpflegung. Es hatte sich eingebürgert, während des Abendappells gemeinsam mit George in einer Reihe auf dem Klo zu sitzen. Damit gehörte man zum engeren Kreis, was eine große Ehre war. George trat

61

vor den Russen im Theater auf. Er spielte eine Szene aus Puschkins „Postmeister". Die Szene, wo der Postmeister erkennt, dass die Hochzeit seiner Dunja Betrug war. Er trat mit Rasierschaum im Gesicht auf und hatte nur ein Wort zu sagen: „Chamäleon". Den Rest ersetzte er durch Mimik. Er weigerte sich, Russisch zu sprechen. „Ich habe 50 Jahre gebraucht, um einigermaßen Deutsch zu sprechen", sagte er.

Beim nächsten Stück wurde das Problem gelöst durch zwei Barden, die links und rechts vor der Bühne saßen und gegenseitig übersetzten: „Was hat er gesagt?" Es war die Ballade von Geibel, „Der Tod des Tiberius". Mich nahm George als Statist. Ich musste ihm in einem blutbefleckten Leinentuch im Halbdunkeln hinter einer Säule als ermordeter Germanikus erscheinen. Es kam nicht zur Aufführung. George bekam starke Leibschmerzen und konnte nicht mehr auftreten. Er musste ins Lazarett. Am Tag darauf starb er an Blinddarmentzündung, wie es hieß. Ich hätte gern darauf verzichtet, dass die Kollegen meinten, ich wäre der Letzte gewesen, der mit dem großen Heinrich George auf den Brettern stand.

Allerdings war ich der Haupterbe. Ich durfte seine letzte Tagesration Brot behalten. Mit seinem Hut konnte wegen der Größe weder ich noch ein anderer etwas anfangen. Seinen Kamm konnte ich gebrauchen. Weiter hinterließ er nichts.

Wenn man sich wundert, woher wir so einen Luxusartikel wie Rasierschaum hatten, so kann ich das erklären. Die Engländer übergaben den Russen ein deutsches Polizeibataillon, welches zur Aburteilung in das sogenannte Außenlager eingeliefert wurde. Wir nannten sie die Norweger. Sie traten bei uns im Vorlager an und mussten sämtliches Gepäck und selbst den Inhalt der Hosentaschen in ordentlichen Päckchen ablegen Unser Natschalnik, mit seinem guten Draht zum Kommandanten, hatte erreicht, dass wir diese Päckchen nach brauchbaren Sachen fürs Theater durchsuchen konnten. Bevor sie weg geschmissen wurden. Die Marianne und ich gingen ans Werk. Was da alles zum Vorschein kam! Nicht nur Rasierzeug. Auch Lux-Seife, kleine Messer und Scheren, Verbandszeug, Zahn- und Kleiderbürsten, Kämme, Essbestecke, Kochgeschirr usw.

Die Marianne war Peters Hauptgeliebte und Chefin von seinem Harem, der Kostümschneiderei. Sie war schon in den Dreißigern, konnte den Peter jedoch ganz schön runterputzen. Sie sorgte für Nachwuchs bei den jungen Schneiderinnen. Die Schneiderei war auch die Garderobe. Meine Werkstatt war bei den Kulissenmalern und Schuhmachern.

Im Lager waren viele ehemalige Prominente. So auch der Sprecher des Großdeutschen Rundfunks. Wenn der was sagte, dachte man: Jetzt kommt eine Sondermeldung. Mit dem erschien die Marianne, um eine Kiste mit Ballettschuhen zur Schneiderei zu schaffen. Ich sollte mit anfassen.

Kaum waren wir in der Schneiderei, verschwanden die beiden hinter dem Vorhang und begannen gleich mit Geschlechtsverkehr. Die Frauen sahen bei dem Gestöhne nicht mal auf, sondern stichelten ruhig weiter. Die waren das gewöhnt. Ich machte mich mit rotem Kopf schleunigst aus dem Staube. Ich wollte unter keinen Umständen in diese Sache verwickelt werden. Der Peter hatte mich schon einmal mit lautem Gebrüll raus geschmissen, und da ging es um harmlosere Dinge.

Sonst war er nicht so. Er verschaffte mir sogar einen Spezialauftrag: Ich sollte Lampenschirme mit obszönen Bildern für die Offiziere herstellen. Unsere Maler lieferten Skizzen mit Stellungen und ich, Jungfrau, schnippelte eifrig die Scherenschnitte und klebte sie zu einem Schirm zusammen. Als das rauskam, gab es einen Riesenkrach zwischen Peter und dem Intendanten. Der hatte immer so große Stücke auf mich gehalten – und nun das! Aber ich bekam trotzdem ein ganzes Brot für meine Werke.

Gott sei Dank war ich unersetzlich. Das zeigte sich, als ich zum Kolonnenführer ernannt wurde. Öfter ging eine Putzkolonne von jungen Frauen zu den Offiziers-Unterkünften zum Saubermachen raus. Bis es dem Kommandanten zu bunt wurde und er diese Art Tätigkeit verbot.

Doch Peter wusste Rat. Es war Weihnachtszeit. Er bekam die Erlaubnis, eine Bastelgruppe für Weihnachtsschmuck der Offiziersunterkünfte aufzustellen. Diese Bastelgruppe bestand zufälligerweise aus den Frauen der Putzkolonne. Und ich wurde zum Natschalnik der Gruppe ernannt.

Auf der Bühne stand ein langer Tisch und ich fertigte die Muster an. Wir bastelten kleine Sterne, Schiffe, Katzentreppen, Engel usw. aus Papier und malten diese bunt an. Dabei halfen uns die Scheren der Norweger. Von Zeit zu Zeit verschwand eine der Frauen und kam mit einem Kochgeschirr voller

Kascha (dicker Grieß mit Fleisch) wieder. Dann sangen alle: „Heinz, es ist noch Suppe da!" Es war sehr lustig. Ich war noch nie so satt wie in diesen Tagen. Die Rückkehr ins Lager war ein Problem. Es durfte nichts ins Lager eingeschmuggelt werden und strenge Kontrollen waren vorgeschrieben.

Dafür war der Natschalnik verantwortlich. Die Frauen traten also in weitem Abstand an, und ich musste jede einzelne abtasten. Die haben vielleicht gequiekt! Ich habe nichts gefunden.

Etwas später berichteten die Essenträger, die Frauen hätten die Baracken schön mit buntem Papier geschmückt. Und außerdem waren sie jetzt mit Scheren versorgt, dachte ich bei mir.

Wir hatten einen älteren Zeichenprofessor in unseren Reihen. Der hatte während seiner Studentenjahre einige Zeit in St. Petersburg verbracht und sprach deshalb gut Russisch. Zudem kam öfter ein junger Soldat und heulte sich aus. Er hatte Heimweh und wusste nicht, wann er wieder nach Hause kommen würde.

Auch die Tochter des Kommandanten kam, um sich von ihm malen zu lassen. Das Bild war auch gut gelungen. Als sie weg war, wollten wir natürlich wissen, ob er sie über unsere Haftzeit ausgefragt hatte. Er sagte, nein. Sie habe zuerst gefragt, warum wir eigentlich hier seien.

Ich hatte auch Nebenverdienste. Die fünfjährige Tochter des Politoffiziers kam zu mir, in der einen Hand eine Puppe ohne Kopf, in der anderen eine Scheibe Brot.

Unsere Filmvorführingenieure hatten ein Radio

gebaut. Sie mussten natürlich schweigen, aber so viel kam raus, dass nie etwas über uns in den Nachrichten gesagt wurde. Wir waren einfach nicht da.

Hinter dem Krematorium war eine Aschenfläche. Damit mussten wir kleine Hügel machen. Das Lagertor war mit Fahnen geschmückt und eine Delegation marschierte mit Kränzen zu unseren Hügeln. Dann wurde unsere Kolonne gefilmt. Aber nur die untere Hälfte. Es hatte sich nichts geändert. Wir wurden dargestellt als geehrte Opfer der Naziherrschaft. Später sah ich diese Ehrung im Fernsehen.

Wir waren natürlich privilegiert gegenüber den anderen. In der Vorzone konnten wir uns frei bewegen. An das Lagerleben hatte ich mich gewöhnt. Ich konnte selbstständig arbeiten und war mit interessanten Leuten zusammen. Konnte Professoren, Lehrer und Ingenieure ausfragen, die froh waren, wenn sie ihr Wissen gegen eine Scheibe Brot weitergeben konnten. Und ich fand Anerkennung. Manchmal dachte ich, wenn es mir draußen auch so ginge, wäre ich glücklich. Nur zu essen müsste man haben.

Der Peter führte uns zu einem Lager mit alter Kleidung. Ich suchte mir einen dicken Mantel aus. Aus alten Kartoffelsäcken nähte ich mir einen Schlafsack. Zum Nähen brauchte man eine Nadel. Also lernte ich das Nadelmachen. Man brauchte nur ein Stück Draht dazu. Der musste an einem Ende glühend gemacht werden und flach gehämmert, dann glühend umgebogen werden. Mit einem scharfen Splitter aus Flintstein konnte man mit viel Geduld einen Schlitz in den Bogen schleifen. Wieder zurückgebogen, auf der anderen Seite genauso. Dann noch eine Spitze anschleifen. Jetzt brauchte ich nicht mehr zu frieren. Ich konnte fast zufrieden sein.

Doch es kam anders. Der Lebensmittel-Lkw kam immer öfter leer zurück. Statt Suppe kam der Befehl „Bettruhe". Vorbei die Zeiten, wo der Peter mit seiner Truppe einen kleinen Kessel Suppe von der Küche loseisen konnte. Bis dann die Rationen um die Hälfte gekürzt wurden. Wir wankten gerade so dahin und waren der festen Überzeugung, dass die Russen uns verrecken lassen wollten.

Nackend standen wir in langen Reihen auf dem Appellplatz. Vorn an jeder Reihe ein Arzt an einem Tisch. Die Gesündesten wurden ausgesucht. Zur Arbeit nach Workuta. Ich sagte zu der jungen Ärztin, dass ich einen Leistenbruch hätte. Der war schon längst verheilt. Sie sah mir in die Augen und musterte mich ohne Untersuchung aus. Sie hatte Mitleid. Wir beneideten die Ausgesuchten dafür, dass sie Essen und warme Kleidung bekamen.

Ich fasste einen verzweifelten Entschluss. Gegenüber unserer Werkstatt stand das Magazin. Ein Betonbau. Die Tür war mit einem Kastenschloss gesichert. Links und rechts standen Postentürme mit automatisch kreisenden Scheinwerfern. Da wollte ich rein. Ich erkundigte mich bei einem Schlosser, wie denn so ein Schloss mit mehreren Zuhaltungen aufgebaut war. Dann nahm ich einen dünnen Aluminiumstreifen und bestrich die Kante mit Kreide. Der Scheinwerfer drehte jede Minute einmal rum. Beim ersten Schatten drückte ich mich in die

Türöffnung des Turms. Die konnte der von oben nicht sehen. Mit dem zweiten Sprung schob ich den Streifen in das Schloss und drehte ganz vorsichtig. Zurück genauso. Da, wo sich die Zuhaltungen abzeichneten, feilte ich vorsichtig aus. Nach ein paar Dutzend Sprüngen bekam ich Routine und war nicht mehr so aufgeregt.

Als sich der Schlüssel endlich drehte, nützte mir das gar nichts. Man hatte inzwischen einen Eisenriegel vor die Tür gelegt mit einem BKS-Vorhängeschloss. Ich musste das Ganze noch einmal starten, nur mit einem viel feineren Streifen. Eines Abends schlossen beide Schlüssel und ich stand im Magazin. Ich stopfte beide Taschen mit Erbsen voll. Einen ganzen Sack zu tragen war ich zu schlapp.

Mit dem Werkstattleiter holten wir einen Sack mit Erbsen raus und versteckten ihn unter den Brettern des Fußbodens.

Von nun an ging es reihum. Jeder kam mal dran mit einer Büchse dicker Erbsen. Die Schlüssel waren mein größter Schatz.

Ich war nicht wenig stolz, dass ich mich als Einziger unter Hunderttausend gegen den allmächtigen NKDW gewehrt hatte und Sieger geblieben war. (Um den Preis, jederzeit erschossen zu werden.)

Ich wurde leichtsinnig. Ich kannte den Fahrer des Verpflegungs-Lkw. Der versprach mir, gegen Erbsen, einem Brief nach draußen zu bringen. Als ich den Brief schrieb, kam der Peter und nahm ihn mir weg. Ob er Angst hatte oder nur Punkte sammeln wollte, das weiß ich nicht, jedenfalls gab er den Brief dem Politoffizier. Dessen Sekretärin, Geliebte und Dolmetscherin, eine baltische Adlige, übersetzte. „Warst du dumm gewesen." Ich sagte nämlich, dass ich den Brief über den Zaun werfen wollte.

Ich kam in den Karzer. Das war ein massiver Zellenbau mit abgestellter Zentralheizung und Linoleumboden. Auch eine Reihe Duschen war da. Allerdings war es Winter und wir ohne Decken. Der Klo-Kübel stand in der Gemeinschaftszelle und stank. Das Schlimmste war, es gab nur jeden zweiten Tag Essen. Der Läufer des Karzers war aus meinem Ort. Er drückte mir einen Besen in die Hand zum Sauber-machen. Vorher hatte er Brot in den Zellen zerbröselt. Aber immer ging das auch nicht. Nach 17 Tagen wurde ich freigelassen. Ich war ziemlich fertig. Inzwischen hatte sich einiges getan. Die Ukrainer waren unter Schlägen abtransportiert worden. Nur der Intendant und die Ballettmeisterin blieben zurück. Die erreichten beim Kommandanten die Verlegung des Theaters ins Lager.

Jetzt ging es erst richtig los. Der Umzug der Werkstätten-Einrichtung wurde gelöst. Es fanden sich Schauspieler und gute Sänger unter den Häftlingen. Das Orchester spielte Melodien von Kalman, Lehar und Lieder der 20er-Jahre. Der Regisseur Herzog, ein kleiner, runder Rothaariger mit Sommersprossen und viel Temperament, brachte die Operetten dieser Zeit, wie „Der fidele Bauer" und „Schwarzwaldmädel".

Die Darsteller waren nicht alle Profis. Bei den Proben gab es ein Problem. Die Hauptdarstellerin (das blonde Gretchen von Heinrich Georges „Faust" in Hohen-schönhausen, Tochter eines bekannten Berliner Großbäckers) heulte zum Gotterbarmen. Sie hatte eine ganz passable Stimme. Aber sie wollte partout nicht ihren Partner küssen, weil der ein Kopf kleiner und viel älter war als sie. Dabei sang der am besten von allen. Herzog hatte Mühe, ihr klarzumachen, dass sie ihn deswegen nicht gleich lieben müsse.

Unter diesen Umständen war es eine große Leistung, Shakespeares „Maß für Maß" auf die Bühne zu bringen. Mit Goldonis „Diener zweier Herren" hatten wir den größten Erfolg. Der Diener ist bekanntlich verfressen. Er kaute den ganzen Abend auf einem Stück Holz herum, aus dem ich ein täuschend echt wirkendes Stück Brot gemacht hatte. Den Zuschauern lief das Wasser im Mund zusammen. Aber was hatten wir für ein erbarmungswürdiges, zerlumptes Publikum! Das Lachen konnte einem vergehen.

Dabei hatten wir auch nicht mehr zu essen. Ich kann mich erinnern, wie ich den Beifall mit dem Vorhang abschneiden und ein ohnmächtiges Ballettmädchen auffangen musste. Unsere Showband spielte eine Rumba und die Mädchen tanzten dazu.

Dann kam für mich die Katastrophe. Ich hatte nach der Karzerzeit schon eine Weile leichtes Fieber, das nicht weggehen wollte. Die Diagnose war Lungen-Tbc. Ich wurde in die Isolierbaracke eingewiesen. Diese war von einem Stacheldrahtzaun umgeben, um Ansteckungen zu verhindern. Auch russische Soldaten mit Geschlechtskrankheiten waren in der Baracke untergebracht.

Tbc war die häufigste Todesart im Lager. Es gab keine Therapie, nur das Warten auf das Ende. Doch auf einmal gab es Hoffnung. Unsere Ärzte hatten vom russischen Kommandanten die Erlaubnis bekommen, die vergrabenen Medikamente wieder auszugraben. Dann haben sie es geschafft, ein Röntgengerät funktionsfähig zu machen. Die Röntgenkontrolle war Voraussetzung, um die Tbc-Kranken mit einem Pneumothorax (Ruhigstellung einer Lungenhälfte) zu behandeln. Im Lazarett wurde eine Tbc-Abteilung eingerichtet und die Kranken mit einem selbst gebastelten Gerät behandelt. Bei mir schlug die Behandlung gut an. Bei einem älteren Kranken nicht.

Seine Frau war auch im Lager. Die beiden hatten während des gesamten Lageraufenthalts keinen Kontakt. Als er im Sterben lag, durfte seine Frau ihn besuchen. Sie hielt ihm die Hand, bis er tot war.

Im Sommer 1948 wurde die Verpflegung entschieden besser. Die Suppe wurde dicker, es gab zwei Löffel Zucker, Zigaretten und sogar ein Handtuch. Ganz Zerlumpte bekamen einen grauen Anzug in billigster Ausführung. Alles Zeichen, die auf eine Entlassung deuteten.

Am 16. August 1948 wurde ich aufgerufen. In der Kommandantur erhielt ich meinen Schülerausweis zurück mit der Ermahnung, künftig nicht mehr straffällig zu werden.

Der Entlassungsschein war ausgerechnet vom Polizeipräsidenten von Brandenburg unterschrieben. Es war eine Farce. Wir wurden mit dem Bus zum S-Bahnhof Oranienburg gefahren, wo eine große Menschenmenge auf uns wartete.

Entlassungsschein Sachsenhausen

Ich hatte Angst. Ich dachte: Die müssen uns doch alle
für Kriegsverbrecher halten. Es waren Frauen. Keine
sprach ein Wort. Die meisten hielten ein Bild von
ihren Angehörigen hoch. Aber so wie auf den Bildern, gut ernährt, sah keiner mehr aus. Ich selbst hatte
39 Grad Fieber.

Zwei S-Bahn-Stunden später war ich zu Hause.
Mein Fieber war weg und kam nicht wieder. Meine
Angehörigen waren alle zurück, keiner gestorben.
Mein Onkel Walter, bei dem ich jetzt wohnte,
arbeitete wieder als Friseur bei den Russen in
Adlershof. Er brachte jeden Abend ein Kochgeschirr
mit dicker Suppe mit nach Hause.

Ich bekam einen lebensgefährlichen Blutsturz, war
sehr schwach und noch ein Jahr arbeitsunfähig.

Von den sechs Mithäftlingen aus dem Altglienicker Keller habe ich als Einziger überlebt. Ich hielt es für meine Pflicht, dies den Angehörigen mitzuteilen.

Es war nicht leicht, zu Hause herumzusitzen und nicht zu wissen, ob man wieder gesund wird. Ich verdiente nichts. Mit dem Entlassungsschein bekam ich von einer amerikanischen Hilfsorganisation getragene Kleidung und Schuhe. Ich hatte drei Mark im Geldbeutel, die ich aber nie ausgab.

Auf der Straße traf ich meine Jugendliebe und ging grußlos an ihr vorbei. Ich schämte mich meiner Krankheit und meines Zustandes. So musste ich mit ansehen, wie Ruth meinen Freund heiratete und in die Wohnung einzog, in der ich groß geworden war. Ein kleiner Vorteil blieb mir noch: Ich konnte sie jetzt öfter sehen. Bei einem Hoffest sagte ihr Mann: „Ruth, gib dem Heinz einen Kuss, ihr habt euch doch geliebt." Es wurde ein sehr langer, inniger Kuss! Ruth bekam drei Jungen, ihr Mann starb früh.

Mein verfemter Großvater starb 1945 und hinterließ uns die Gesamtausgaben von Goethe und Schiller. Seitdem kann ich Goethes „Faust" auswendig und die meisten seiner Gedichte.

Von Schiller nur die Balladen. Auch Heine stand mir sehr nahe. Das Theater ließ mich nicht los. Mit meinem letzten Geld ging ich zum „Deutschem Haus" vom Bohnes wo eine Theatergruppe „Schwarz-Waldmädel" spielte. Der Saal war recht kühl. Sie hatten kein Geld zum Heizen. Es waren nur 7 Zuschauer gekommen. Tapfer, mit viel Spielfreude gaben sie das Stück und ließen uns den grauen Alltag vergessen. Hätte ich noch eine Mark, sie hätten sie bekommen.

Bei der Berlin-Blockade flogen die Rosinenbomber einer nach dem anderen im Landeanflug sehr tief über unseren Ort.

An der Grenze zu Rudow stand ein Schild: „Der kluge Berliner kauft in der HO". Also, es musste schon ein sehr dummer Berliner sein, der, obwohl es für eine West- fünf Ost-Mark gab, den doppelten Preis für Bohnenkaffee oder Schokolade in mieser Qualität bezahlte. Es sei denn, er stand auf Kartoffeln, denn die bekam man in Westberlin zu Blockadezeiten nur als Pulver. In Ostberlin gab's Lebensmittel nur auf Marken und markenfreie „Luxusgüter" nur in der HO zu stark überhöhten Preisen. Auf der West-berliner Seite der Grenze lief auf dem Trümmerberg, weithin sichtbar, ein Laufband: „Das freie Berlin meldet". Die grenznahen Westberliner Kinos spielten am Vormittag für 25 Pfennig vor ausverkauften Häusern die amerikanischen Klassiker. Man konnte im Westen alles für Ostmark kaufen, natürlich zum Wechselkurs.

Für uns bestand der „Goldene Westen" in einem Kurfürstendamm Bummel. Schaufenster und Leucht-Reklame bestaunen. Der Höhepunkt war eine Lang-nese Eiswaffel.

Die S-Bahn fuhr für billige 20 Pfennige. Im Westen schlingerte sie halb leer auf maroden Schienen. Dort war die Benutzung verpönt, weil die DDR die S-Bahn verwaltete. Entsprechend herunter gekommen sah es dort aus. Die DDR brauchte dringend Devisen. Sie nahm Eintrittsgeld für Verwandtenbesuche. Der Gipfel schien mir erreicht durch die Intershop-Läden, wo man mit allem bezahlen konnte, nur nicht mit Ostmark.

An mir lief das alles vorbei. Ich hatte andererseits keine Nachteile wegen der Haft. Dazu waren zu viele eingesperrt. Im Gegenteil, als ich wegen der Arbeitsunfähigkeit zum Vertrauensarzt der Krankenkasse musste, fragte der: „In welcher Baracke in Sachsenhausen warst du denn?" Als ich sagte: „In der Theaterbaracke", wusste er Bescheid. Er sagte: „Ich war in 19. Wo willst du hin, nach Sülzhain ein Vierteljahr?" In Sülzhain im Südharz war ein Sanatorium der SED. Die gute Luft und das Essen dort, verbunden mit Liegekuren, taten mir gut. Ich kam tatsächlich wieder auf die Beine.

Dezember 1949

Im Winter Ende 1949 trat ich mein Berufsleben an. Die Brücke war noch zerstört, die Straßenbahn fuhr deshalb nicht. Den langen Weg zur Stadt traute ich mir noch nicht zu. Deshalb ging ich als Hilfsarbeiter zu Schering wo man hinlaufen konnte. In der Äther-Konfektion stöpselten die Frauen mit Hilfe von Fahrradpedalen die kleinen Flaschen zu. Über allem lag der Ätherdunst der die Frauen ganz wild machte. Die Anzüglichkeiten machten mich sehr verlegen und die Frauen waren nun wirklich nicht meine Kragenweite. Ich blieb nur 4 Wochen. In Erinnerung hab ich den Theaterabend. Da hatten einige Parteifunktionäre die Idee den Werktätigen die Kunst näher zu bringen. Auf dem Plakat stand dass Künstler uns was vorsingen wollten. An einem nebligen kalten Winterabend sind diese auch erschienen. Von den Werktätigen war ich allerdings als einziger da. Alle Anderen saßen zu Haus in der warmen Stube. Es war mir sehr peinlich. Die Künstler machten lange Gesichter, gaben mir eine signierte Schallplatte und verschwanden wieder. Es war der kalte Winter, in dem der Müggelsee und die Spree vollständig zugefroren waren. Wir gingen von der Jannowitzbrücke bis Köpenick in die Mitte der Spree und von Friedrichshagen bis Müggelheim quer über den Müggelsee. Ich wollte dann doch wieder in meinen Beruf arbeiten. Meine Lehrfirma in der Köpenickerstraße lag jetzt im amerikanischen Sektor. Am Ende der Köpenicker, in der alten Jakobsstraße konnte ich anfangen. Morgens um sieben Uhr packten die Kollegen die mitgebrachten Holzstücke aus. Der Kanonenofen wurde angeworfen. Lithografen waren damals Mangelware und die Kollegen konnten mich gut gebrauchen. Sie hatten Schwierigkeiten mit für mich alltäglichen Druckvorlagen.

Der Chef war geflüchtet. Das war bei kleinen Privatunternehmen die Regel, denn die Steuersätze für Private kamen einer Enteignung gleich. Den Betrieb führte unser Fotograf als Treuhänder weiter. Das Eigenartigste in der Firma war unser Trautchen, ein 16-jähriges hübsches Mädchen mit einer Traumfigur. Sie war naiv und verfressen. Sie flirtete mit jedem, der ihr was zum Essen abgab. Dabei wusste keiner, was ihre Aufgabe im Betrieb war. Hin und wieder war sie überhaupt nicht da. Wir freuten uns, wenn sie wieder erschien. Sie hielt die Heizung in Gang, fegte aus, holte die Post, ging einkaufen und machte sich nützlich. Freitags drückte unser

Treuhänder ihr ein paar Mark in die Hand.

Mit der Buchführung kam keiner zurecht. Wir wurden mit einem anderen enteigneten Betrieb in der Köpenicker Straße zusammengelegt. Dabei stellte sich heraus, dass Trautchen gar nicht bei uns beschäftigt war, sondern in der Firma einen Stock tiefer. Bei uns gab es halt mehr zu essen. In unserer neuen Firma wurde Schicht gearbeitet. Wir stellten die Klischees für die aktuellen Bilder der Tageszeitungen her. Der Abteilungsleiter war auch in Sachsenhausen gewesen. Der Kopierer war bei der Stasi. Das wusste jeder. Er hatte Arbeitsbewährung. Ich habe ihn gerettet, als er mit der Arbeit nicht zurechtkam. Es gelang ihm selten, eine einwandfreie Kopie zu machen. Ich klärte ihn auf, dass es an der schlechten Schicht lag, mit der die Zinkplatten lichtempfindlich gemacht wurden. Die reagierte auf die Luftfeuchtigkeit und löste sich ab. Er gab mir 50 Mark, um fünf Liter West-Schicht in der grafischen Großhandlung uns schräg gegenüber auf der Westseite der Köpenicker Straße zu kaufen. Er durfte doch nicht auf die Westseite. Er war noch im Vorstand der Ost-Volksbühne und revanchierte sich mit Theaterkarten, die damals billig, aber sehr knapp waren. „Eugen Onegin" in der Staatsoper (dem ehemaligen Admiralspalast) mit einem berühmten russischen Bassist. „Faust" mit Langhoff im Deutschen Theater. „Mutter Courage" mit der Weigel. Und immer wieder Felsensteins Komische Oper: „Die verkaufte Braut", „Der Vogelhändler", „Carmen", „Figaros Hochzeit". Dort fing meine Liebe für Mozart an. Später, mit meiner Frau, sahen wir den „Figaro" in verschiedenen Inszenierungen im Heidelberger Theater und auf vielen europäischen Bühnen. Natürlich auch im Fernsehen. Ich könnte zwar nicht mitsingen, aber das Libretto kenne ich in allen Versionen.

Obwohl ich keine Tbc-Überwachung mehr brauchte, meldete sich der Arzt der Krankenkasse wieder mit einer 3-Monats-Kur für mich in den Heilstätten Beelitz. Die waren schon zu Kaisers Zeiten für Lungenkranke gebaut worden. Jetzt wurden dort Kranke der russischen Armee behandelt. Auf demselben Gelände waren deutsche Patienten in kleine Häuser untergebracht. In den großen Kiefern-Wäldern taten die Liegekur und das reichliche Essen gut. Der Lohn wurde voll von der Kasse übernommen und weiter gezahlt.

Zurück in der Firma, redete der Stasimann auf mich ein, ich solle doch der Partei beitreten, die Lagerhaft wäre kein Hindernis. Aber einmal reichte mir. Ich wechselte zu der größten noch privaten Druckerei, Pedersen in der Saarbrücker Straße in Prenzlauer Berg. Der Chef war, na was wohl, in den Westen geflüchtet. Er hatte keine Steuern bezahlt, überhaupt keine Buchführung gemacht. Dafür hatte er Funktionäre geschmiert.

Wir wurden als Werk 3 dem Zentralorgan der SED, „Neues Deutschland", zugeschlagen. Die Arbeit war angenehm. Es gab nämlich keine. Wir hatten kein Papier. Für einen größeren russischen Auftrag gab es dann doch ein Kontingent. Wir machten ein Plakat mit Stalin obendrauf, darunter die Köpfe der russischen Regierung. Berija war auch mit dabei.

Während wir am Drucken waren, wurde dieser erschossen. Die Meldung kam im RIAS, aber nicht im „Neuen Deutschland". Weil die SED mit der Meldung noch ein paar Tage wartete, druckten unsere Drucker fröhlich grinsend weiter. Sie brauchten auf keinen Passer und Farbführung mehr zu achten, sie wussten, es war Makulatur. Aber es durfte keiner zugeben, dass er den RIAS hörte. Dabei war die Hälfte der Kollegen Westberliner. Mit dem Geldumtausch ging dies durchaus. In der SED war nur unser Andrucker. Er hatte sich geopfert und war Betriebsratsvorsitzender geworden. Sonst hätten wir am 1. Mai und 7. November keine Prämien für gute Arbeit bekommen. Die gingen reihum. Er musste auch einmal wöchentlich die Rotlichtbestrahlung durchführen. Das sah so aus: „Also, liebe Kollegen, was sich so abspielt, wisst ihr ja selbst. Wir drucken schließlich das ‚Neue Deutschland'. Vielleicht lest ihr es sogar. Vorige Woche habe ich einen Hecht gefangen, mindestens einen Meter lang." Und dann wurde Skat gekloppt.

Am 17. Juni streikten wir natürlich. Das heißt, wir gingen nach Hause. Die Westberliner sowieso. Wir litten unter dem Streik, denn die Züge fuhren nicht.

Ich musste 15 Kilometer nach Hause laufen. Die Amerikaner stellten als Belohnung 100 Millionen Dollar in Form von Fresspaketen bereit. Von uns holte jeder seins im Westsektor ab.

Zu der Zeit, ich war 25 Jahre, zog eine junge Frau zu uns ins Haus. Sie war in den Dreißigern, recht elegant und brachte einen kleinen Jungen mit. Ein Russenkind. Sie hatte keinen Kontakt mit den Mitbewohnern, wurde nicht gegrüßt und passte nicht ins Milieu. Jedenfalls hatte sie schon bessere Zeiten gesehen. Ihr Mann, Offizier, war gefallen, das Haus abgebrannt, sie hatte nichts retten können und bekam keine Unterstützung. Sie wohnte mit uns auf dem selben Flur, nur durch einen Vorhang getrennt. Wir kamen ins Gespräch. Wir fanden uns beide sympathisch und verbrachten viel Zeit miteinander, gingen zusammen ins Theater. Schließlich kam der Tag, da ich mit François Villon sagen konnte: „Im Sommer war das Gras so tief, dass jeder Wind darüber lief. Da hab ich deinen roten Mund geküsst, du sagtest mir, was Liebe ist."

Im Betrieb wechselte die Belegschaft ständig. Da konnten sie in Dresden, in dem grafischen Zentrum, noch so viele Lithografen ausbilden. Nach ein paar Wochen waren die jungen Kollegen drüben.

Es war kein Wunder. Auf meinem Weg zur Arbeitsstelle musste ich zweimal durch Straßen mit links Ruinen, rechts Ruinen. Auf der Westseite standen bunte Buden davor, voll mit Bohnenkaffee, Schokolade, Zigaretten, Pornoheften usw. zu unglaublich niedrigen Preisen. Nur stand die Ostmark 1:5. Unser Stundenlohn betrug 95 Pfennig, weniger als die Hälfte von dem, was drüben gezahlt wurde. Bei einem Kaufkraftverhältnis von 1:10, wobei es die meisten Güter im Osten gar nicht gab, brauchte es schon gute Gründe hierzubleiben. Wir feierten laufend Abschied. Ein Kollege musste sogar unseren Lehrling zu sich nach Hause schicken. Der musste seinen Sohn aus dem Bett schmeißen, weil der sonst seine Flucht verpennt hätte.

Wir waren zu viert, die in der Abteilung Bescheid sagten: „Wir fahren zur Handelskammer nach Westberlin, um im Polygraf nach Stellenanzeigen zu suchen."

Wir wollten lieber in Westberlin arbeiten. Es hätte uns auch jeder genommen, wenn wir dort wohnen würden. Zuzug nach Westberlin gab es nur, wenn man dort arbeitete. Ein Teufelskreis. Aber jede Menge freie Stellen in Westdeutschland. Ich schrieb an vier Druckereien. Jede sagte postwendend zu.

Von Heidelberg hatte ich schon einmal gehört. Aber wo lag das? Unser Andrucker hatte einen Atlas. Die halbe Abteilung lag darüber, bis wir schließlich Heidelberg fanden. Ich ging zum Betriebsleiter und verlangte den doppelten Stundenlohn, weil ich woanders auch so viel verdienen würde. Er sagte: „Aber nicht bei uns." Danach meinte er nur noch: „Viel Glück!" Übers Jahr war er auch im Westen.

Ich kündigte und bewarb mich gleich bei der Konsumdruckerei in Spindlersfeld. Die Heidelberger Firma hatte in der Zwischenzeit Geld für die Flugkarten an meine Tante nach Rudow im Westsektor geschickt. Den Westgeldschatz wollte ich nicht verlieren. Ich beantragte bei der Polizei einen Interzonenpass.

Dort legte ich meinen Werkausweis vom „Neuen Deutschland" und die Zusage der Konsumdruckerei vor und sagte: „Ich möchte wechseln und vorher meinen Onkel in Heidelberg besuchen." Dafür hatte die Beamtin Verständnis. Sie bekam einen sehnsüchtigen Blick und sagte: „Weißt du, Genosse, sie kommen ja alle nicht mehr zurück", was mich sehr erstaunte.

Ich nahm den Nachtzug für D-Mark Ost mit Dampflok. Werde ich noch mal meine Familie sehen? Der Abschied von Thea fiel schwer, aber damit mussten wir rechnen. Mein Pappkoffer war sehr gewichtig. Er war halb voll mit Reclamheften, sie kosteten nur 50 Pfennig Ost, und Agfacolor-Filmen, die ich über die Hobby-Foto Gruppe unserer Firma günstig eingekauft hatte, ebenso wie eine Spiegel-reflexkamera. Die fiel mir unglücklicherweise aus der Hand. Ich schickte sie ans „Neue Deutschland". Die Chefsekretärin ließ das Objektiv auf Firmen-kosten reparieren und schickte sie mir nach Heidelberg. So viel zu meiner Flucht.

Heidelberg

Am Bahnhof Palmen, das Schloss, Philosophenweg. Hier bleibe ich! Mein Banknachbar von der Berufs-schule war auch da. Meine erste Arbeit, das Plakat für einen DEFA-Film nach der Novelle von E. T. A. Hoffmann. „Das Fräulein von Scuderi" kannte ich. Es war das Letzte, was ich in Berlin gemacht hatte. Nur hieß es hier „Des Teufels Diamanten".

Es war die Zeit des Wirtschaftswunders. Die Firma Winter druckte drei Fünftel der Filmplakate in Deutschland. Im Drucksaal hing das Plakat zu „Und ewig lockt das Weib", signiert mit Lippenstift von der Bardot.

Die Arbeitszeit war von morgens um sieben bis abends um zehn Uhr. Oft arbeiteten wir auch nachts durch. Sonntags nur halbtags. Die Pausen bekamen wir bezahlt. Der Verdienst war entsprechend gut: 2,60

Mark die Stunde und die Zuschläge. Die Kollegen wählten mich zum Betriebsratsvorsitzenden. Ich war als Einziger in der Gewerkschaft und konnte deshalb die Tariflisten der jährlichen Lohnerhöhungen abholen. Diese kamen selbstverständlich auf unseren übertariflichen Lohn dazu.

Ich berichtete den Kollegen in Berlin über diese Verhältnisse, mit dem Ergebnis, dass wir in kurzer Zeit sechs Berliner waren. Die Kollegen ließen sich anstecken, als sie sahen, was ich alles futterte. Wir aßen zusammen eine Schüssel Sahne mit Ananas und Erdbeeren. Ich trank gerne Grapefruitsaft. Allerdings rief es großes Gelächter hervor, als herauskam, dass ich im Schrank ein Dutzend Büchsen gehortet hatte, weil ich nicht sicher war, ob es morgen auch noch welche gibt.

Im leeren Kino waren lange Schlangen, wo man gegen Vorlage von Arbeits-Bescheinigungen Bargeld leihen konnte. Bei mir waren die Prüfer skeptisch, weil ich gerade erst angefangen hatte zu arbeiten. Aber sie waren noch mehr verärgert, als ich in der nächsten Woche die 100 Mark wieder zurückzahlte. Der Lohn reichte gut für einen Wintermantel. Stolz schickte ich ein paar Hundert Mark zur Unterstützung von Mutter, Bruder, Schwester, Tanten und Onkels nach Hause. Ich hatte so viel gutzumachen.

Mit Mädchen hatte ich keinen Kontakt und keine Gelegenheit, welche kennenzulernen. In Heidelberg konnte man kein Mädchen auf der Straße ansprechen.

Eines Abends nach einem Konzert (die Fünfte von Tschaikowski) sah ich meine Traumfrau an der Straßenbahnhaltestelle stehen. Ich schlich nur um sie herum. Aber am Faschingssamstag, 2. April 1957, war sie in der Stadthalle beim Perkeo-Ball. Ich forderte sie zum Tanzen auf. Bis morgens um fünf haben wir keinen Tanz ausgelassen. Und seitdem jede freie Minute miteinander verbracht. Renate war 21, ich 30 Jahre alt, als wir 1958 heirateten.

Renate, Heinz und Peter im Herbst 1959 in Schwetzingen

Renates Vater, Maschinenbauingenieur bei Mercedes in Mannheim, war nicht in der NSDAP gewesen, aber u. k. und wurde deshalb nicht eingezogen. Er brachte, zusammen mit Renates Mutter, das Kunststück fertig, 1945 in Heidelberg im Neckartal ein Haus zu bauen, als sie in Mannheim ausgebombt wurden.

Jahre später, die Mauer stand noch nicht, besuchte ich meine Mutter. Mein Bruder wohnte jetzt in zweiter Ehe in Rudow, das im Westsektor lag, direkt an der Grenze, die damals noch nicht markiert war. Wir gingen zur Wiese, auf der wir als Jungen gespielt hatten. Es war schon Rudower Gebiet und ein riesiger

84

Trümmerberg war auf der Westseite des Kiesbergs aufgetürmt. Die Amis bauten tatsächlich auf dem Rest bis zur Grenze eine Radarstation. Der Wachposten hinter dem Stacheldraht zielte mit seiner MP auf uns. Wir zeigten ihm einen Vogel, was er wohl verstand, denn er verschwand fluchend. Wenig später ging unser Bauernkaff wegen des Spionagetunnels durch die Weltpresse. Die Radarstation war der Eingang.

Voriges Jahr, mit drei Kindern und einem Enkel, feierten wir goldene Hochzeit. Renate ist 73, ich 83 Jahre und bei guter Gesundheit. Sie ist noch sehr gefordert mit der Buchführung des Campingplatzes, der Verwaltung der Häuser und dem großen Garten. Im Gemeinderat war sie auch. Dabei hat sie noch jede Menge Hobbys, und vor allen Dingen: Sie kocht gut und gern. Wenn es uns jetzt gut geht, ist dies, neben der Hilfe ihrer Eltern, vor allem ihrem unermüdlichen Arbeitseifer zu verdanken.

Sie meint, wir führen ein ganz normales Leben. Ich habe rückblickend nicht mal im Traum daran gedacht dieses zu erreichen.

Ich kann da nur mit Goethe sagen: „So sehr's mich wundert, ich muss es gelten lassen." (Faust 2. Teil)

Peter, Andreas, Joachim, Renate 1971

Heinz, Enkel David, Renate im Jahr 2010

Anhang

Von dem mitgebrachten Sohn meiner Oma hat man nichts mehr gehört. Er hatte ihr einen Sohn, Rudi Welsch, hinterlassen, den sie zusammen mit den elf Kindern aufzog, die sie noch bekam. Ihre Kinder waren:

Rudis Vater, Karl, Reinhold, Bernhard, Walter, Artur, Else, Anna, Agnes, Ida, Martha, Otto.

Rudi Welsch, mein Cousin, wuchs bei meiner Großmutter auf. Er wohnte auch in Altglienicke, hatte zwei Söhne und eine Tochter. Wolfgang lebt in Adlershof, Werner ist tot.

Anna starb noch als Kind.

Karl fiel im Ersten Weltkrieg.

Reinhold ging nach dem Ersten Weltkrieg nach New York und hat sich nach anfänglich regem Briefwechsel nicht mehr gemeldet.

Von **Otto** weiß ich gar nichts, kann auch keinen mehr fragen.

Martha war die erste Frau von Onkel Kurt Kersten. Von den vier Töchtern, meinen Cousinen, gingen 1933 Hilde und Gertrud nach Paris, weil ihre Männer in der falschen Partei waren. Lotte Kersten heiratete meinen Onkel Bruno nach dem tragischen Tod von Tante Else. Rose, geschiedene Geiling, heiratete einen älteren Amtsrichter, der ihr wider Erwarten nichts hinterließ.

Else war die erste Frau von Onkel Bruno König. Sie

starb Anfang des Krieges durch Gasvergiftung.

Onkel Bruno heiratete dann meine Cousine Lotte Kersten. Sie haben sich gut verstanden.

Agnes heiratete Walter König, einen Bruder von Bruno. Die Brüder kamen aus Wurzen in Sachsen. Bruno war groß und kräftig, Walter klein und schmächtig. Er war Friseur und schnitt uns allen die Haare.

Ida, geschiedene Gahrmann, war stattlich und sah gut aus. Sie lebte mit ihrem Mann in Spindlersfeld. Sie hatte eine Tochter. Diese Cousine war älter als ich, lebte nicht mit ihrer Mutter zusammen. Sie kamen abwechselnd hin und wieder zu Besuch in die Rudower Straße nach Altglienicke. Zuletzt pflegte Ida einen älteren, kranken Mann. Nach dem Krieg hat man von beiden nichts mehr gehört.

Arthur, geb. am 15.3.1894, hat es 1923 nach Wuppertal-Elberfeld verschlagen. Er war mit seiner Frau Hedwig verheiratet, die ihre Tochter Ilse mitbrachte. Sie hatten drei Söhne – Kurt, Hans und Günter – in unserem Alter. Kurt und Günther besuchten uns in den Sommerferien 1938.

Günther war im Krieg Panzerfahrer. Kurt, der Älteste, hatte einen Tag Urlaub vom Dienst, als er nach Russland zur Front musste. Wir hatten uns mit ihm bei Onkel Walter in Rudow getroffen. Er war sehr unglücklich und trauerte seinem Zwergkaninchen nach. Onkel Walter ging mit ihm abends aus zur Revue in die „Skala". Kurt ist im selben Jahr bei Stalingrad gefallen.

Wir hatten vorm Krieg jahrelang keinen Kontakt zu Onkel Artur. Die Entfernung war damals zu groß.

Erst nach dem Krieg besuchten wir ihn in Wuppertal. Er lebte allein, in einfachen Verhältnissen. Seine Frau war tot und er war mit seiner Familie zerstritten.

Sein Sohn Günther war Fliesenleger und lebte in Eltville, direkt am Rhein. Bei unserem Besuch dort berichteten wir von seinem Vater. Er nahm ihn dann bei sich auf. Onkel Arthur wurde sehr alt und man kann sagen: „Der Alkohol hat ihn erhalten." Er war zwar dickköpfig, aber immer lustig und fidel. Er hat uns viele umfangreiche Briefe geschrieben, war mit seinen damals 86 Jahren voll da. Er hat viel fabuliert und eine Menge Geschichten und Gedichte für seine Kinder zu Papier gebracht. Er hat sie uns vermacht.

Walter, der Jüngste, war unser Lieblingsonkel. Mit 17 Jahren wurde er noch zum Ende des Ersten Weltkriegs Soldat, Putzer beim Leutnant. Bei Kriegsende klaute er dessen Uniform und stolzierte damit rum. Anschließend ging er zur Fremdenlegion nach Nordafrika. Zurückgekehrt, kaufte er im Nachbarort Rudow ein Grundstück vom Bauern und baute darauf mit Hilfe seiner Brüder und Schwäger ein kleines Holzhaus und heiratete die Tochter Gertrud vom Nachbargrundstück. Er hatte keine Kinder, aber viele Interessen. Außer seiner Fotoleidenschaft hatte er oft Musikinstrumente, ohne aber wirklich eins zu beherrschen. Bei ihm konnte man z. B. Zither, Akkordeon oder Harmonium ausprobieren. Auch hatte er einen Taubenschlag und hielt Hühner und Enten. In seinem Garten war viel Obst, aus dem er Wein machte, den er zusammen mit seinem Bruder, den Schwestern und Schwägern trank. Wir Kinder hatten dann viel Mühe, alle zusammen die eine Stunde Fußweg nach Altglienicke zu lotsen.

1939 eingezogen, machte er den Polenfeldzug bei der 6. Armee mit. Mit 45 Jahren wurde er entlassen und verlegte Telefonkabel in den eroberten Gebieten. Am Ende des Krieges musste er beim Volkssturm Berlin verteidigen. Er kehrte noch nach Hause zurück und beging dann Selbstmord. In Rudow auf dem Gedenkstein steht sein Name als Kriegsopfer.